FRANÇOIS LAURE

LE GUIDE DES TECHNIQUES D'ANIMATION

MÉTHODES ET OUTILS POUR RÉUSSIR VOS ANIMATIONS

DUNOD

ISBN 2 10 004759 0

Sommaire

1/ Qu'est-ce que l'animation ? — *page 3*

① Animer : pour quoi faire ? ② Tout le monde peut-il être animateur ? ③ Animer, qu'est-ce que cela veut dire ? ④ Idées reçues sur l'animation ⑤ Quelques conseils pour rater vos animations ⑥ Les différents types d'animation ⑦ Conseils pratiques

2/ L'équilibre instable de l'animation — *page 9*

⑧ Les composantes de l'animation : ⑨ Communication ⑩ Contrôle ⑪ Convivialité ⑫⑬⑭ Écoute et Existence ⑮ Conviction et dynamisme ⑯ 3 dérives classiques ⑰ Conseils pratiques

3/ Le démarrage — *page 17*

⑱ Pourquoi un avion vole-t-il ? ⑲ Quel rapport avec l'animation ? ⑳ L'état d'esprit des participants au démarrage (21) Le TOAST (22) Un exemple de démarrage (23) La cascade du petit (24) Conseils pratiques

4/ La conclusion — *page 23*

(25) Messages clefs (26) Temps d'appropriation (27) L'évaluation (28) Comment obtenir de bonnes évaluations ? (29) Comment se comporter lors de l'évaluation (30) Conseils pratiques

5/ L'objectif — *page 33*

(31) Pourquoi un objectif ? (32) Comment rédiger un objectif ? (33) Qu'est-ce qu'un objectif pédagogique ? (34) Exemple du directeur commercial (35) De quoi faut-il tenir compte pour définir un objectif pédagogique ? (36) Objectif affiché et objectif caché (37) Conseils pratiques

6/ La trame — *page 39*

(38) Qu'est-ce qu'une trame ? (39) À quoi reconnaît-on une bonne trame ? (40) Quelques pièges à éviter dans la construction d'une trame (41) Trame type (42) Trame détaillée et trame synthétique (43) Conseils pratiques

7/ Les aides visuelles page 43

(44) Qu'est-ce qu'un visuel ? (45) Pourquoi des aides visuelles ? Construction d'un visuel : (46) Pertinence (47) Lisibilité (48) Commentaire (49) Visuels de contenu et visuels de communication (50) Les différents langages visuels (51) La représentation des données chiffrées (52) Comment animer un visuel ? (53) Conseils pour bâtir un transparent (54) Les pièges à éviter dans l'utilisation du rétro-projecteur et (55) du paper-board (56) Le vidéo projecteur (57) Conseils pratiques

8/ La préparation psychologique page 53

(58) Pourquoi une préparation psychologique ? Maîtriser son trac : (59) Ses manifestations (60) Les facteurs qui le favorisent (61) Le trac et l'animateur (62) Apprendre à le cacher (63) Techniques pour le maîtriser (64) Maintenir son « fighting spirit » (65) Développer une relation saine avec son auditoire (66) Développer son empathie (67) Conseils pratiques

9/ La préparation matérielle page 61

(68) Les questions matérielles (69) Ne subissez pas l'espace mais adaptez-le à vos besoins (70) Exemples de disposition de tables (71) Hôtel et hôtel (72) Pas de problème ! (73) Quelques grands classiques (74) À quoi reconnaît-on le véritable paper-board ? (75) L'écriture magique (76) Le repérage des feuilles (77) Le protège-transparent (78) La trousse de secours de l'animateur (79) Conseils pratiques

10/ Principes pédagogiques page 73

(80) Qui aime jouer aime gagner (81) Utiliser des analogies (82) Attacher autant d'importance à la pédagogie qu'au contenu (83) Jouer l'alternance (84) Suivre une progression en la matérialisant (85) Favoriser la participation (86) S'adapter à la courbe de l'attention (87) La « constante macabre » (88) Du langage machine au langage humain (89) Innover (90) Simplifier (91) Valoriser (92) Reconnaître la difficulté (93) Conseils pratiques

11/ L'exposé page 81

(94) La perte en ligne (95) De l'intervenant à l'animateur (96) L'accroche (97) L'« équation de la mort » (98) « Des questions ? » (99) La fin de l'exposé (100) Les 5 étapes de la construction d'un exposé (101) Clarifier l'objectif et cibler l'auditoire (102) Sélectionner ses messages (103) Structurer et modulariser son développement (104) Déterminer ce qui doit être visualisé (105) Réaliser le guide d'exposé et les visuels (106) Points clefs et messages clefs (107) Le plan minute (108) Êtes-vous un expert ? (109) Le regard « miroir de l'âme » ? (110) Conseils pratiques

12/ Le recueil page 95

(111) Qu'est-ce qu'un recueil ? (112) À quoi sert un recueil ? (113) Les 5 étapes de l'animation d'un recueil (114) Poser une question ouverte (115) Noter les réponses (116) Arrêter le recueil (117) Faire la synthèse (118) Exploiter le recueil (119) Conseils pratiques

13/ La coanimation page 101

(120) Qu'est-ce que la coanimation ? (121) Quel est l'intérêt de la coanimation ? Les 4 règles de la coanimation : (122) Définir les rôles respectifs (123) Se coordonner soigneusement (124) Coexister (125) Être solidaires (126) Le binôme (127) Conseils pratiques

14/ Le document participant page 105

(128) Qu'est-ce que le document participant ? (129) Différence entre visuel et document participant (130) Quand le distribuer ? (131) Un exemple de document participant (132) Gestion des stocks (133) Varier les formats (134) Restons modestes (135) Les erreurs les plus fréquentes à éviter (136) Conseils pratiques

15/ Les cartes réponses page 111

(137) Qu'est-ce que la méthode des cartes réponses ? (138) Quel est l'intérêt de la méthode des cartes réponses ? (139) Le matériel nécessaire (140) Une séquence type : (141) Question au groupe (142) Réponses sur des cartes (143) Affichage et organisation des cartes (144) Titrage (145) Hiérarchisation des idées exprimées (146) Synthèse de la séquence (147) L'échelle d'adhésion (148) La question orale (149) Le compte-rendu (150) Post-it (151) Le scribe (152) Les cartes réponses : l'outil et la méthode (153) Conseils pratiques

16/ Le débat page 121

(154) Qu'est-ce qu'un débat institutionnel ? (155) Le dîner-débat (156) Les conditions de succès d'un dîner-débat (157) Le frigo (158) Les cartes réponses (159) Mon avis (160) Conseils pratiques

17/ L'animation grand groupe page 127

(161) Qu'est-ce que l'animation grand groupe ? Caractéristiques d'une animation grand groupe : (162) Coordinateur (163) Logistique lourde (164) Équipe d'animateurs (165) Timing strict (166) Déroulé type d'une animation grand groupe (167) Accueil des participants (168) Plénière (169) Travail en atelier (170) Plénière (171) Mise en scène (172) La règle d'or (173) Ateliers cartes réponses (174) 2 types d'ateliers (175) Ateliers tournants (176) Conseils pratiques

18/ Le jeu de rôle page 135

(177) Qu'est-ce qu'un jeu de rôle ? (178) À quoi sert un jeu de rôle ? (179) Quelles situations se prêtent au jeu de rôle ? (180) Précautions à prendre pour animer un jeu de rôle (181) Les 4 phases de l'animation d'un jeu de rôle (182) Présentation (183) Préparation (184) simulation (185) Debriefing (186) Comment écrire un jeu de rôle (187) Un exemple de jeu de rôle (188) Le choix des noms (189) Pourquoi préparer en sous-groupe ? (190) Contexte ou hors contexte ? (191) Faut-il filmer le jeu de rôle ? (192) Attention lapin ! (193) Situations classiques d'animation (194) La grille d'évaluation (195) De la vidéo (196) Pour les fâchés avec la technique (197) Théâtre et jeu de rôle (198) Le rangement des jeux de rôle (199) Conseils pratiques

19/ L'étude de cas page 151

(200) Qu'est-ce qu'une étude de cas ? (201) L'étude de cas comporte-t-elle un corrigé ? (202) L'animation d'une étude de cas (203) Présentation (204) Constitution des sous-groupes (205) Travail en sous-groupes (206) Restitution (207) Synthèse (208) Les deux types de cas (209) L'invité (210) Animateur cherche participants désespérément (211) Mon avis (212) La conception d'un cas (213) Conseils pratiques

20/ Les présentations page 161

(214) Importance des présentations (215) Ciblage des présentations (216) Présentations croisées (217) Présentations cartes réponses (218) Dessinez-vous ! (219) Le CV minute (220) Les phrases à compléter (221) Conseils pratiques

21/ Exemples de situations **page 169**

La gestion du temps : ㉒ les participants sont en retard (223) l'animateur est en retard (224) Le timing explose (225) Sachez vous taire (226) Quelques rappels (227) Vous avez terminé avant l'heure (228) Décalage horaire (229) La purge (230) Le bavardage (231) Le match de foot (232) La constitution des sous-groupes (233) L'agressivité (234) La vidéo ne fonctionne plus (235) Des participants se sont « évaporés » à la pause (236) Une séquence tombe à plat (237) Le découragement (238) Les rires sous cape (239) Tu /vous (240) Les révoltés du Bounty (241) Conseils pratiques

22/ 7 conseils pour y faire face **page 181**

(242) Alterner Écoute et Existence (243) Reformuler (244) Être empathique (245) Mobiliser son non-verbal (246) Observer (247) S'appuyer sur des relais (248) Conseils pratiques

Le mot de la fin **page 188**

Glossaire **page 189**

Synthèse **page 193**

Les réactions des participants

Bienvenue

Bienvenue dans le guide des techniques d'animation.

Ce guide est conçu pour être un outil de travail facilement consultable. Les chapitres peuvent être lus indépendamment les uns des autres. C'est pourquoi si vous le lisez du début à la fin vous trouverez parfois des répétitions. Le contenu de chaque chapitre est présenté de manière détaillée dans le sommaire et résumé en fin de chapitre. La numérotation du texte en 250 pavés autonomes permet de naviguer à votre guise, entre les chapitres ou entre le sommaire et les chapitres.

Un glossaire définit en langage simple tous les termes techniques contenus dans le texte.

Dans le texte, le nom de "client" doit être compris comme la personne qui vous demande d'animer et devant laquelle vous êtes responsable de votre prestation. Le terme "vous" s'adresse à vous en tant qu'animateur.

Le sommaire suit une progression logique de la conception à l'animation de votre intervention.

Pour faciliter votre lecture, quelques suggestions :

• **Vous devez concevoir et animer une session pour la première fois et ce dans des délais très brefs** : Chapitres 5 à 7 puis une fois votre préparation terminée Chapitres 3 et 4.

• **Vous êtes un animateur expérimenté à la recherche d'idées nouvelles** : Chapitres 11 à 20.

• **Vous êtes un animateur expérimenté désireux de prendre du recul** par rapport à votre pratique : Chapitres 1, 2, 8, 10, 21, 22.

• **Vous souhaitez améliorer les relations avec votre auditoire** : Chapitres 1, 2, 8, 21, 22.

L'évolution technologique actuelle met à disposition des animateurs de nouveaux outils : DVD, camescopes et appareils photos numériques, logiciels de PréAO, vidéo projection, etc. Ces outils mériteraient qu'on leur consacre à chacun un livre. Ils ne sont donc qu'évoqués dans ce guide. Quel que soit l'outil que vous utilisez, les principes et méthodes utilisées dans ce livre restent d'actualité car aucun outil ne remplacera jamais un bon animateur.

N'hésitez pas à me faire part de votre expérience et de vos réactions par rapport à ce guide, elles seront les bienvenues. C'est avec plaisir que je vous répondrai.

site : http://flaure.free.fr

Bonne lecture.

François Laure

Partie 1

Les principes de base de l'animation

Chapitre 1

Qu'est-ce que l'animation ?

Si vous n'avez rien à perdre, ils n'ont rien à gagner.

1 *Animer pour quoi faire ?*

Aujourd'hui, pour être reconnu par votre hiérarchie, votre équipe, vos pairs et vos clients, il vous faut non seulement être un professionnel dans votre domaine de compétence mais aussi faire vos preuves dans le domaine de l'animation.

Devant la nécessité de travailler en équipe et en réseau, de mobiliser les énergies et de communiquer efficacement, savoir animer devient en effet incontournable.

La maîtrise des techniques d'animation vous permet de faciliter l'atteinte de vos objectifs dans les temps forts de votre vie professionnelle.

- Vous êtes chef de **projet** : faites la différence dans les moments clefs de la vie de votre projet : réunion de lancement, comités de pilotage, communication d'accompagnement...
- Vous êtes chargé d'organiser un **débat** avec un expert ou un membre de la hiérarchie : maîtrisez votre émotivité et créez les conditions d'un véritable échange constructif, valorisant pour l'invité et les participants.
- Vous devez emportez l'adhésion d'un **auditoire** hostile : désamorçez son agressivité, créez l'intérêt et construisez une nouvelle relation à partir des réactions des participants.
- Vous souhaitez rendre productive vos **réunions** de travail : renforcez votre crédibilité de manager et optimisez votre temps, que vous soyez l'animateur ou le commanditaire de la réunion.
- Vous pilotez un **groupe de travail** : faites produire plus rapidement et plus efficacement des idées ou des solutions.
- Vous souhaitez transmettre une **information** : structurez rapidement une présentation attractive et simple à diffuser en vous assurant que vos messages clefs soient compris et mémorisés.
- Vous devez concevoir et animer une **formation** : faites travailler les participants de manière vivante et conviviale en garantissant qu'ils retireront un réel bénéfice de cette formation.
- Vous organisez un événement de **communication** (congrès, symposium, convention...) : optimisez la participation lors des travaux en sous-groupes ainsi que leur exploitation en séance plénière.

2 *Tout le monde peut-il être animateur ?*

Oui, de même que tout le monde peut apprendre à parler chinois ou à jouer du piano, tout le monde peut devenir animateur. C'est avant tout une question de motivation... Et de travail. Comme dans toute activité humaine, il existe des prédispositions et quelques contre-indications.

Les prédispositions	Les contre-indications
• Bon relationnel. • Facilité à parler en public. • Dynamisme. • Enthousiasme. • Empathie.	• Sur-émotivité. • Timidité excessive. • Apathie. • Relationnel difficile. • Autoritarisme.

Animer, c'est avant tout s'exposer, c'est aussi investir sur votre groupe : comme dans tout investissement, le gain ou la perte seront proportionnels à la mise initiale.

Ce que l'animation peut vous coûter	Ce que l'animation peut vous apporter
• Beaucoup d'énergie. • De cruelles blessures d'amour propre. • La perte de quelques illusions sur la nature humaine. • Quelques nuits blanches. • Le sentiment d'être en représentation.	• De la confiance en vous. • De douces caresses à votre égo. • Une façon professionnelle d'aborder les rapports humains. • Une connaissance de la nature humaine. • De la réactivité.

Si vous n'avez jamais animé, ne surestimez pas les difficultés de l'animation. Si au contraire vous avez beaucoup animé, n'en sous-estimez pas les difficultés.

3 *Animer qu'est-ce que cela veut dire ?*

Animer, c'est donner une âme, de la vie, du mouvement. Promouvoir les techniques d'animation dans l'entreprise n'est pas neutre. C'est reconnaître la prédominance de l'humain sur le technique. Dans la conduite du changement, c'est réhabiliter le « soft » (le management des hommes) par rapport au « hard » (l'organisation, les procédures). C'est enfin sortir l'encadrement d'une relation de pouvoir pour promouvoir une nouvelle compétence : l'animation.

.../...

L'animation naît de la résultante de trois ingrédients :

• avant tout, un **état d'esprit** :

– Accepter de prendre des risques, car animer c'est se confronter aux autres, donc s'exposer.
– Croire que la manière dont on s'adresse aux personnes a autant d'importance que ce qu'on leur dit.
– Penser que les personnes les plus efficaces ne sont pas forcément les plus austères.
– Commencer par se remettre en cause soi-même avant de remettre les autres en cause.

• mais aussi bien sûr, **du talent** :
– une grande empathie ;
– la maîtrise instinctive des équilibres de l'animation (Ch.2) ;
– la capacité à entraîner un groupe.

• et surtout, **de la méthode** :
L'animation s'apprend et c'est l'objet de ce guide que de vous présenter les méthodes et les outils de l'animateur.

4 *Idées reçues sur l'animation*

– « **Être animateur, c'est un don, cela ne s'apprend pas.** »
Lisez ce guide et nous en reparlerons...

– « **Il suffit de bien connaître son sujet pour être un bon animateur.** »
Cette idée est dangereuse dans la mesure où elle sous-entend que le succès de l'animation dépend uniquement de votre savoir, ce qui est rarement le cas. Certes, bien connaître votre sujet est important mais cela suffit rarement : vos connaissances ne doivent pas servir à vous isoler de votre public mais à vous en rapprocher.

– « **Une intervention sérieuse est nécessairement ennuyeuse.** »
Ne confondez pas « être sérieux » (considérer que ce que l'on fait est important) et « se prendre au sérieux » (se donner de l'importance). Quel beau compliment pour un animateur lorsque les participants déclarent « n'avoir pas vu le temps passer ». L'humour constitue souvent un excellent moyen de désarmer l'hostilité d'un auditoire ou de relancer son intérêt, ne vous en privez pas !

– « **L'animation d'un groupe doit nécessairement échoir à son responsable hiérarchique.** »
Voilà un principe bien sécurisant et bien déresponsabilisant... Probablement édicté par la peur que les « singes dirigent le zoo » !

.../...

La responsabilité de la hiérarchie doit se situer davantage dans la préparation (notamment la détermination de l'objectif) que dans l'animation proprement dite. Affranchissez vous de ce principe, vous verrez à quel point ceci est plus confortable pour les intéressés... Et leur chef. Ne tombez pas dans l'excès inverse : certains responsables sont d'excellents animateurs. Pour autant, il n'est pas nécessaire de toujours leur confier l'intégralité de l'animation.

– **« Les techniques d'animation, c'est de l'esbrouffe pour épater la galerie. »**

Il est vrai que l'abus des techniques d'animation rend rapidement une intervention totalement artificielle. Pour autant, ce ne sont pas les techniques d'animation en elles mêmes qu'il faut rejeter mais plutôt leur mauvaise utilisation.

– **« Il suffit d'être un expert dans son domaine pour être écouté. »**

Cela est probablement vrai au sein du petit cercle d'initiés de votre discipline. Mais au delà ? Méditez ce mot de G. B. Shaw « *un expert est quelqu'un qui sait de plus en plus de choses sur un domaine de plus en plus restreint, si bien qu'à la fin, il sait tout sur rien* ».

5 Quelques conseils pour rater vos animations

- Parlez sans vous soucier de l'effet produit sur vos interlocuteurs.
- Négligez les aspects matériels de votre intervention : salle, supports...
- Monopolisez la parole.
- Ridiculisez vos interlocuteurs.
- Arrivez les mains dans les poches sans avoir rien préparé.
- Utilisez des transparents illisibles.
- Ne sollicitez jamais la participation du groupe.
- Considérez toute objection comme une agression et toute intervention comme une inconvenance.
- Ayez toujours le dernier mot.
- Débordez systématiquement le temps qui vous est imparti.
- Racontez votre vie et vos campagnes.
- N'annoncez pas votre plan au cas où vous en auriez un.
- Tournez le dos à votre auditoire lorsque vous commentez un transparent.
- ...

Pour continuer cette liste, puisez dans votre mémoire de participant !

6 Les différents types d'animation

Débat, stage, convention, table ronde, groupe de travail, réunion, atelier, module, cours, séminaire, exposé... Les noms ne manquent pas pour désigner les sessions de travail collectif sous la conduite d'un animateur.

.../...

Plus que son nom, 4 paramètres permettent de caractériser une animation :

- sa nature
- son objectif
- sa durée
- le nombre de participants

La nature de l'animation

Schématiquement, on peut identifier 4 grands types d'animation :

– la formation
– le groupe de travail
– le débat
– la présentation

La nature de l'intervention influence le style d'animation. Dans le cas d'une formation, ce seront vos qualités pédagogiques qui seront les plus sollicitées. Dans le cas d'un groupe de travail ou d'un débat, ce sont plutôt votre capacité de synthèse et de régulation qui vous seront utiles. Enfin, dans le cadre d'une présentation, votre capacité de conviction et votre clarté d'expression feront la différence.

Prenez en compte la nature de votre intervention pour adapter votre style d'animation en conséquence. De même, la conclusion de votre animation dépend de sa nature.

L'objectif de l'animation

Pour une même nature d'animation, il peut y avoir différents objectifs. Prenons l'exemple d'une présentation.

ex 1 : objectif d'une présentation à un comité de pilotage : obtenir le feu vert pour faire appel à la sous-traitance.

ex 2 : objectif d'une présentation lors d'une convention de vendeurs : faire connaître l'évolution du marché à la force de vente.

Vous devez prendre en compte l'objectif de votre intervention pour adapter vos contenus et vos méthodes en conséquence.

La durée de l'animation

La durée d'une animation peut varier de 2 heures à plusieurs jours. En général, vous ne choisissez pas le temps qui vous est imparti. Plus une animation est courte, plus elle vous pousse dans vos retranchements :

– Vous n'avez pas le temps de vous rattraper si vous commettez une erreur.
– Vous devez donner le maximum de vous-même dans le minimum de temps.
– Vous êtes contraint de simplifier au maximum votre trame d'animation pour aller à l'essentiel.

Dans l'animation, comme dans d'autres domaines, la maîtrise du temps est un indice sûr de professionnalisme.

.../...

➤ Le nombre de participants

Si votre groupe est inférieur à 15 personnes, vous pourrez avoir, même sur courte durée, un contact individuel avec vos participants. De 15 à 50 personnes, un effet de masse apparaît qui nécessite souvent le recours à une co-animation (Ch.13). Au delà de 50 personnes, les aspects logistiques prennent une place prépondérante. L'animation d'un tel groupe requiert le plus souvent le recours à une équipe d'animateurs sous la responsabilité d'un coordinateur (Ch.17).

7 *Conseils pratiques*

- N'hésitez pas à innover, trop souvent les animations sont ennuyeuses parce que tout est prévisible.
- Utilisez les situations de co-animation comme autant d'opportunités de découvrir de nouvelles méthodes d'animation.
- Lorsqu'on vous confie une animation dont les objectifs ont été validés, restez ouvert aux conseils et suggestions mais n'acceptez pas que l'on vous impose des méthodes d'animation sur lesquelles vous êtes en désaccord : vous êtes un animateur pas un répétiteur.
- Trop souvent l'animateur s'isole pour concevoir son animation. Au contraire, sollicitez votre commanditaire, faites le réagir par rapport à vos propositions et arbitrer des points si nécessaire.
- Faites toujours valider la trame et vos objectifs par votre client. C'est une manière de l'associer à votre succès... Et de vous couvrir dans le cas contraire.
- Et si vous êtes participant, profitez-en pour prendre de bonnes idées d'animation.

(!) CE QU'IL FAUT RETENIR

- La maîtrise des techniques d'animation est une compétence indispensable au manager d'aujourd'hui.
- L'animation n'est pas une fin en soi, c'est un ensemble de techniques au service de l'atteinte d'un objectif.
- L'animation, c'est avant tout un état d'esprit, un peu de talent et beaucoup de méthode.

Chapitre 2

L'équilibre instable de l'animation

L'animation est un art tout d'exécution.

8 Les composantes de l'animation

L'animation est un art tout d'exécution : simple dans ses principes, difficile dans sa mise en œuvre.

Son succès repose sur votre capacité à alterner Écoute et Existence en jouant sur 3 registres : Communication, Contrôle, Convivialité.

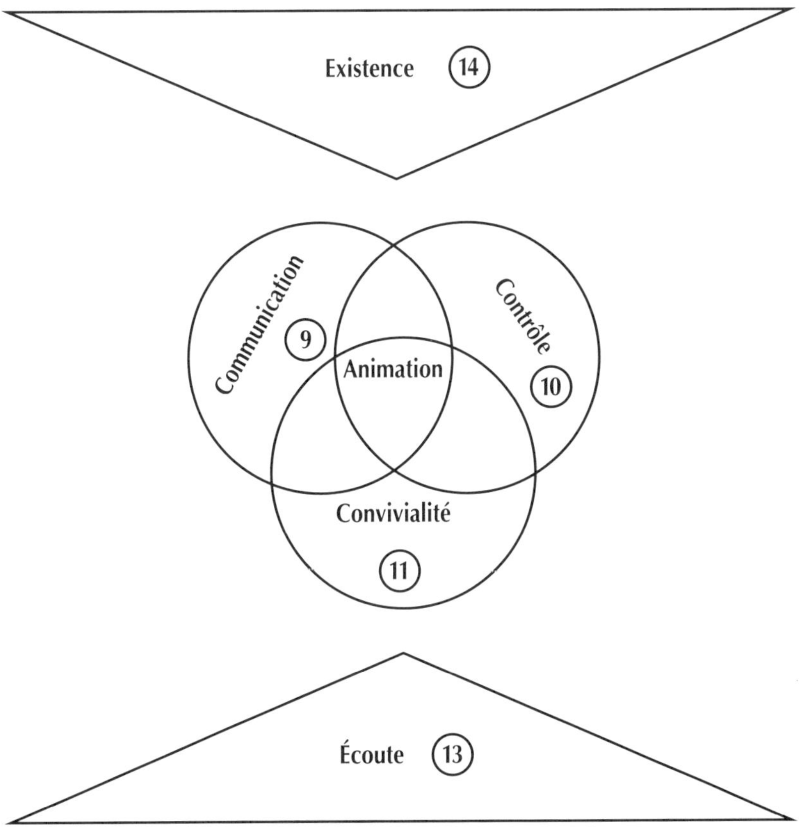

9 *Communication : pour se comprendre*

Se comprendre signifie comprendre les participants et être compris d'eux. Mais communiquer pour l'animateur signifie aussi, contrairement à un conférencier ou à un professeur, veiller à ce que les participants se comprennent aussi entre eux. Soyez vigilant à ce que la communication s'exerce à ces 3 niveaux.

➤ Animateur / participants (être compris)

- Parlez distinctement et suffisamment fort pour être entendu de tous.
- Faites des phrases simples, claires, courtes.
- Soyez concret, utilisez des exemples, des analogies.
- Écrivez lisiblement.
- Utilisez des moyens mnémotechniques pour faciliter la mémorisation.
- Mettez vos messages clefs en valeur.
- Résumez vos apports.
- Montrez la progression de votre animation en soignant les transitions.
- Employez le langage des participants.
- Vérifiez régulièrement que vous avez été compris en posant des questions.
- Utilisez des visuels pour faciliter la compréhension…

➤ Participants / animateur (comprendre)

- Assurez-vous que vous avez bien compris la question ou la remarque d'un participant avant d'y répondre.
- Encouragez les questions, les réactions, les commentaires.
- N'hésitez pas à formuler le non dit, par exemple en vous adressant à votre auditoire de la manière suivante : « *vous vous dites, tout ça c'est bien joli mais dans la réalité…* »
- Observez les réactions non verbales des participants : mimiques d'incompréhension, de fatigue, d'intérêt…

➤ Participants / participants (se comprendre)

- Dissipez d'éventuels contresens ou malentendus dans les échanges.
- Faites ressortir les différents points de vue exprimés.
- Explicitez ou faites expliciter les sigles ou abréviations qui ne seraient pas connus de tous.
- Résumez si nécessaire les interventions des participants…

N'oubliez pas qu'avant d'être compris il faut déjà être entendu et écouté !

10 Contrôle : pour rester maître de la situation

L'animation est l'école du contrôle par excellence : contrôle du groupe mais aussi et surtout, contrôle de soi. Ce mot doit ici être compris dans le sens de régulation (le contrôleur aérien) et non de surveillance (le policier). Si vous abordez votre groupe dans un esprit de domination, vous quittez le cadre de l'animation pour entrer dans celui du rapport de force **[65]**.

Si au titre de la dimension contrôle, vous êtes fondé à fixer les règles du jeu, la contre-partie de ce pouvoir est que vous devez impérativement vous y tenir.

- Veillez au respect du timing : vous devez être d'autant plus vigilant que c'est le temps des participants que vous gérez. Ne prenez pas vos participants en otages !
- Recentrez si nécessaire les participants sur le sujet.
- Régulez la parole : faites taire les bavards, et s'exprimer les réservés.
- Désignez les acteurs des jeux de rôle si personne n'est volontaire.
- Constituez les équipes pour les travaux en sous-groupes.
- Reformulez les attaques en objections.
- Marquez clairement le début et la fin des exercices.
- …

11 Convivialité : pour faciliter les échanges

S'il ne suffit pas d'avoir un bon contact avec les participants pour être un bon animateur, la qualité de ce contact est cependant essentielle. Si vous n'arrivez pas rapidement à instaurer un climat convivial, l'animation sera pénible pour tout le monde. Or, 9 fois sur 10, c'est l'animateur qui est responsable de l'ambiance de son groupe.

- Souriez.
- De l'humour, encore et toujours...
- Traitez les participants sur un pied d'égalité.
- Encouragez les efforts, minimisez les échecs, faites ressortir les réussites.
- Valorisez les participants.
- Sécurisez les anxieux.
- Acceptez de bonne grâce les taquineries des participants, elles témoignent que le groupe vous a adopté.
- Ménagez des instants ludiques.
- Ne dites pas « vous n'avez pas compris » mais « je me suis mal exprimé ».
- Appelez les gens par leur prénom et demandez leur d'agir de même envers vous.
- Regardez tout le monde : on a tendance à oublier les moins actifs.
- Recherchez les échanges avec les participants lors des pauses.
- …

12 *Écoute et Existence : les deux leviers de l'animateur*

L'écoute et l'existence définissent la place respective qu'occupent l'animateur et les participants dans la relation qu'ils entretiennent le temps de l'animation.

Lorsque vous choisissez d'occuper plus d'espace que votre groupe, vous êtes en **existence**.

Lorsque vous choisissez de laisser votre groupe occuper plus d'espace que vous, vous êtes en **écoute**.

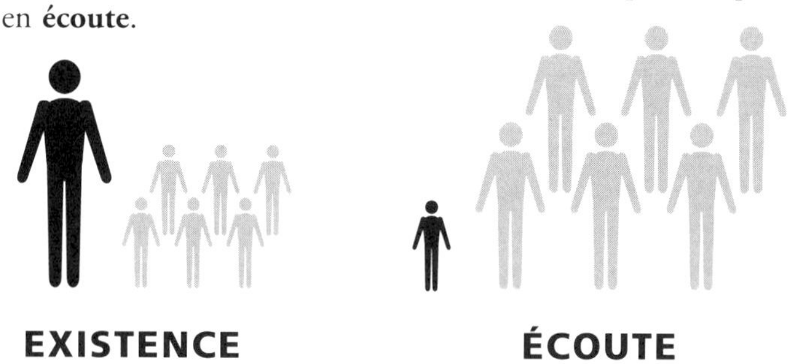

L'écoute et l'existence constituent les leviers de base dont l'alternance à bon escient conditionnera le succès de l'animation. Le plus grave danger pour l'animateur ne consiste pas à être trop ou pas assez en écoute ou en existence. Il consiste à être en existence lorsqu'il faut être en écoute et vice-versa.

Votre groupe est très sensible à cet équilibre entre écoute et existence, même si bien entendu, il n'utilise pas ces termes. Ceci est d'autant plus vrai que votre non-verbal **[245]** exprime à votre insu fortement votre écoute ou votre existence.

Vos participants ne sont pas seulement influencés par ce que vous dites (verbal) mais aussi par ce que votre comportement montre (non-verbal) : voix, regards, posture, gestes...

Quelques exemples de comportements non verbaux :

Existence	Écoute
• Parler de manière assurée en regardant votre interlocuteur dans les yeux. • Se lever pour écrire au paper-board. • Pointer du doigt. • Parler fort. • Tourner le dos à quelqu'un. • …	• Regarder son interlocuteur en lui souriant. • Prendre des notes. • Inviter quelqu'un du geste ou du regard à s'exprimer. • Avoir un ton de voix chaleureux. • …

Naturellement, chaque animateur est plus spontanément porté sur l'écoute ou l'existence en fonction de sa personnalité. La difficulté pour vous consiste donc à adapter votre niveau d'écoute et d'existence en fonction de la situation et non en fonction de votre tempérament ou de votre humeur du moment.

13 *Écoute*

L'écoute, c'est être attentif à entendre, comprendre et prendre en compte les attentes, les besoins, les opinions, les réactions de vos participants.

Le terme d'écoute ayant été totalement galvaudé au point de constituer la « tarte à la crème » des stages de communication, 2 précisions sont nécessaires.

- **Premièrement**, l'écoute n'est pas la conséquence d'un défaut d'existence de la part de l'animateur. Autrement dit, ce ne sont pas les participants qui prennent la parole, c'est l'animateur qui leur donne. Cette nuance est très importante.
- **Deuxièmement**, écouter n'est pas se taire. L'écoute permet à l'animateur de recueillir de l'information, il doit ensuite la *traiter*, c'est-à-dire y apporter une réponse. L'écoute de l'animateur est donc tout sauf passive.

À quoi voit-on que vous êtes en écoute ?

- Vous vous assurez que vous avez été bien compris en posant des questions et en reformulant les propos de vos participants.
- Vous repérez et dissipez d'éventuels malentendus.
- Vous cherchez à comprendre le point de vue des participants.
- Vous êtes capable d'aménager votre trame en fonction des réactions de vos participants.

Comme vous le voyez, l'écoute recouvre largement la dimension COMMUNICATION. Mais vous pouvez aussi faire preuve d'écoute sur les dimensions CONTRÔLE (ex. : s'assurer que quelqu'un peut poser sa question) et CONVIVIALITÉ (ex. : prendre le temps d'écouter un témoignage).

Un défaut d'écoute est aussi dommageable qu'un excès d'écoute.

14 *Existence*

L'existence, c'est votre capacité à vous affirmer face à votre groupe.

À quoi voit-on que vous êtes en existence ?

- Vous captez facilement l'attention de vos participants.
- Vous gardez le contrôle du timing.
- Vous êtes convaincant.
- Vous enchaînez vos séquences avec aisance.
- Vous n'êtes pas destabilisé par les réactions des participants.

Comme vous le constatez, l'existence recouvre largement la dimension CONTRÔLE. De fait, lorsque vous êtes en contrôle, vous êtes nécessairement en existence. Mais il serait réducteur de ramener l'existence au contrôle. En effet, l'existence peut tout aussi bien s'exercer sur les dimensions COMMUNICATION et CONVIVIALITÉ.

.../...

Exemples de comportement d'existence en COMMUNICATION :

– répéter un message clef ;
– faire expliciter une question que l'on ne comprend pas ;
– faire un exposé ;
– commenter un visuel ;
– défendre un point de vue ;
– noter un commentaire au paper-board.

Exemples de comportement d'existence en CONVIVIALITÉ :

– prendre l'initiative de se présenter ;
– lancer une plaisanterie ;
– proposer de déjeuner en commun ;
– applaudir la prestation d'un participant.

Un défaut d'existence est aussi dommageable qu'un excès d'existence.

15 *Conviction et dynamisme*

Si vous êtes capable d'alterner Écoute et Existence en jouant sur les 3 registres de la Communication, du Contrôle et de la Convivialité, alors vous serez un parfait technicien de l'animation. Votre animation risque cependant d'être aussi froide qu'efficace. Votre capacité à insufler un élan à un groupe repose beaucoup sur votre dynamisme et votre force de conviction.

16 *Trois dérives classiques*

➤ **L'animateur travaille tout seul, le groupe est passif.**

Symptômes

– L'animateur monopolise la parole.
– Le groupe est spectateur d'un « one man show ».

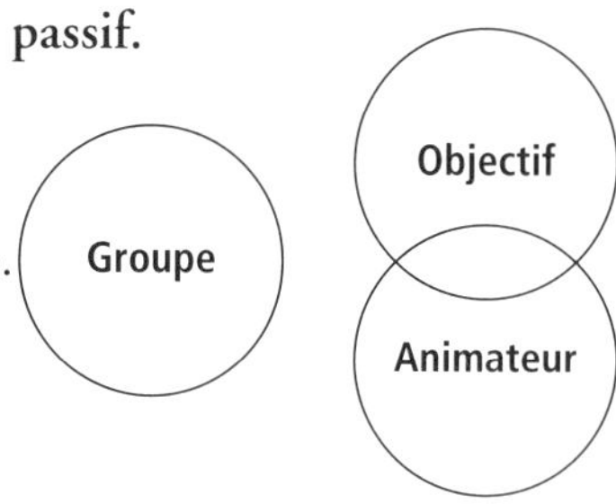

Réactions des participants :

– Pourquoi m'a-t-on demandé de venir ?
– Quel conférencier extraordinaire !

➤ **L'animateur et son groupe échangent en s'éloignant de l'objectif.**

Symptômes

– L'animateur privilégie la communication et la convivialité au détriment du contrôle.
– L'animateur et son groupe discutent à bâtons rompus.

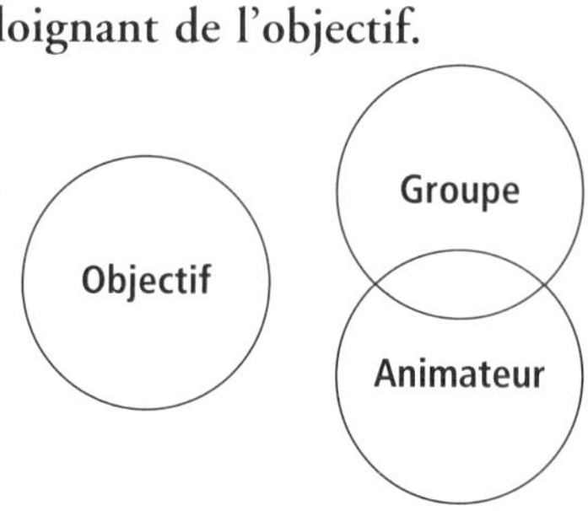

.../...

Réactions des participants :

– L'animateur est super sympa.

– On a perdu notre temps.

➤ **Le groupe est livré à lui-même, l'animateur est démissionnaire.**

Symptômes

– L'animateur est en retrait et muet.

– Le groupe s'autogère.

Réactions des participants :

– À quoi sert l'animateur ?

– Où sont le goudron et les plumes ?

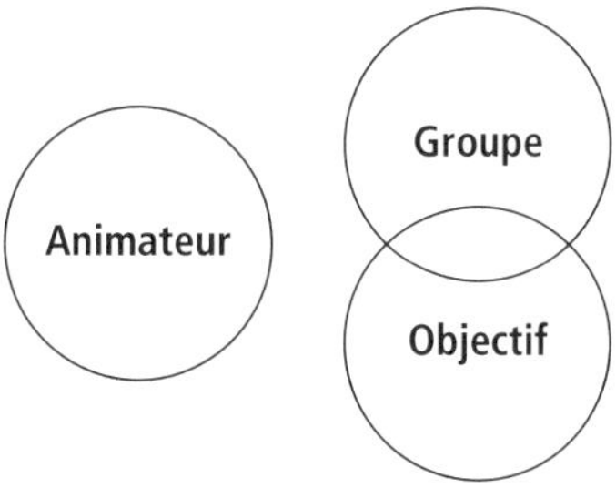

17 *Conseils pratiques*

- Profitez des pauses pour faire le point sur votre équilibre écoute / existence.
- Utilisez des reformulations pour passer en souplesse de l'écoute à l'existence.
- Chronométrez votre temps de parole, c'est un bon indicateur d'existence.
- Si vous utilisez un caméscope, pensez à vous filmer de temps en temps pour analyser à froid votre style d'animation.
- Demandez du feed-back : vous serez surpris de voir à quel point en général vous avez tendance à surestimer votre écoute et à sous-estimer votre existence.
- Lorsque vous êtes participant, entraînez-vous à observer les phases d'écoute et d'existence de l'animateur.

(!) Ce qu'il faut retenir

- Alternez écoute et existence.
- Jouez sur les 3 registres de la communication, du contrôle et de la convivialité.

CHAPITRE 3

LE DÉMARRAGE

Mieux vaut flotter sans grâce que couler avec élégance.

18 *Pourquoi un avion vole-t-il ?*

Lorsque l'air s'écoule sur l'aile d'un avion, il se produit un phénomène physique qui donne naissance à une force appelée portance. C'est cette force qui compense le poids de l'avion et permet à celui-ci de voler.

Si la vitesse de l'avion est trop faible, l'air ne s'écoule pas assez vite autour de ses ailes. Le phénomène de portance disparaît, l'avion tombe comme une pierre. On dit qu'il « décroche ». Lorsque ce décrochage se produit à haute altitude : l'avion part en vrille, mais un bon pilote peut reprendre le contrôle de l'appareil. Lorsqu'il se produit à basse altitude, c'est la catastrophe : l'avion s'écrase au sol.

Comment éviter le décrochage pour échapper à l'accident ?

La règle d'or : « *never low and slow* ». C'est-à-dire qu'un pilote ne doit jamais voler lentement à basse altitude.

19 *Quel rapport avec l'animation ?*

Animer, c'est être capable de piloter un groupe. Piloter, c'est être capable de maîtriser les 3 phases du vol.

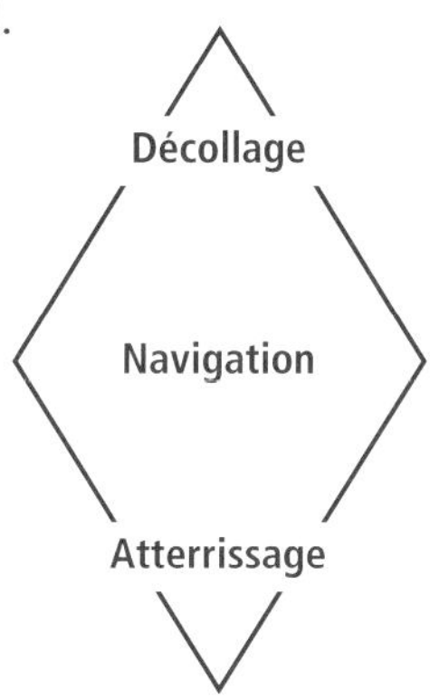

Créer la portance, c'est établir le contact avec votre groupe. Décrocher, c'est être coupé de votre groupe : c'est la pire chose qu'il puisse vous arriver en tant qu'animateur. La vitesse, c'est le rythme imposé par l'animateur : si le rythme est trop lent, le groupe décroche.

…/…

Que signifie « *never low and slow* » pour l'animateur ?

Les phases de décollage (démarrage) et d'atterrissage (conclusion) sont les phases critiques du pilotage (animation). Il convient donc d'y être particulièrement vigilant. Vous n'avez pas le droit d'hésiter dans les 3 premières et les 3 dernières minutes de votre animation.

« *Never low and slow* » signifie que le démarrage et la conclusion sont des séquences à animer en forte Existence **[12]**. Elles doivent être :

– préparées ;
– courtes ;
– dynamiques ;
– percutantes.

20 *L'état d'esprit des participants au démarrage*

La phase de décollage est primordiale : elle est d'autant plus intense qu'elle se déroule généralement dans un contexte de tension psychologique tant pour l'animateur que pour les participants.

Pour vous animateur, le démarrage est souvent le point culminant du trac et du doute.

« *Les participants n'ont pas l'air commodes.* »

« *N'aurais-je pas intérêt à intervertir les séquences 2 et 3 ?* »

« *Bon dieu, qu'est-ce que je vais pouvoir leur raconter s'ils n'ont pas de questions ?* »

Rassurez-vous ! Vos participants sont rarement plus à l'aise. Cette inquiétude est renforcée s'ils ne se connaissent pas entre eux.

« *L'animateur n'a pas l'air commode.* »

« *Les salauds, ils se sont bien gardés de nous dire qu'on allait être filmés…* »

« *Ce silence est insupportable, est-ce que quelqu'un va finir par le rompre !* »

« *J'ai vu les fonctions des autres participants, je ne suis pas à ma place.* »

« *J'espère qu'on termine tôt demain, je ne veux pas rater mon avion.* »

Face à l'inconnu et placé en position de dépendance par rapport à vous qui savez ce qui va se passer (que vous avez l'air sûr de vous, souriant et détendu !), l'individu a tendance à régresser. Ce mécanisme se renforce par un phénomène de groupe bien connu : la foule réagit comme un enfant. Rien d'étonnant dans ces conditions que l'inquiétude des participants se focalise sur 4 points :

– Qui est l'animateur ? (« dis, t'es qui toi ? ») ;
– Pourquoi on est là ? (« maîtresse qu'est-ce qu'on fait ? ») ;
– Comment ça va se passer ? (« docteur, est-ce que ça fait mal ? ») ;
– Quelles sont les modalités pratiques ? (« c'est quand la récré ? »).

…/…

Pour libérer au plus vite vos participants et leur permettre de redevenir adultes, vous devez répondre à ce besoin légitime de sécurité. Pour ce faire, vous avez intérêt à utiliser une présentation formalisée lors de votre démarrage. Il s'agit en quelque sorte de la bande-annonce du film. Le niveau de détail de cette présentation dépend de la durée de votre animation (une séquence de 2 h appelle moins de questions qu'un séminaire de 5 jours) mais ne doit pas excéder 10 minutes. À vous de mettre tout votre dynamisme et votre conviction dans ces premières minutes afin d'établir votre crédibilité.

Vous n'aurez pas de seconde chance !

21 *Le TOAST*

Le TOAST est un outil de présentation adapté aux animations dont la durée est égale ou supérieure à 1 jour.

Avant le démarrage, prenez le soin d'écrire votre TOAST sur paper board ou sur transparent.

Avoir un TOAST écrit à l'avance présente plusieurs intérêts.

- Si vous êtes en retard, vous pouvez démarrer immédiatement de manière professionnelle.
- Vous ne risquez pas d'oublier quelque chose.
- L'affichage facilite la compréhension de l'auditoire.
- En cas d'animation répétitive, vous n'avez pas à réécrire un TOAST à chaque session.
- Le fait d'avoir recours à un visuel vous permet d'être actif et de détourner le regard de vos participants ; vous évacuez ainsi une partie de votre stress.

Le TOAST est une abréviation pour Thème/Objectif(s)/Animation/Séquences/Timing. Le TOAST ne se rédige pas avec des phrases mais en style télégraphique autour de mots clefs.

➤ **Thème** De quoi va-t-on parler ?

Il s'agit du sujet de l'animation ; dans une formation c'est souvent le titre du stage. Ce thème doit être exprimé en quelques mots.

➤ **Objectif(s)** Quel est le but de cette animation ?

L'objectif est rédigé avec un verbe et exprimé du point de vue du participant. 3 objectifs maximum, sinon vous êtes trop ambitieux ou vous manquez d'esprit de synthèse.

Pour la rédaction des objectifs vous trouverez des conseils au chapitre 5, attention à ne pas confondre objectif d'animation et objectif opérationnel [**33**].

.../...

➤ **Animation** De quelle manière allons-nous travailler ?

C'est l'occasion de spécifier la répartition des rôles en cas de co-animation. Annoncez les modalités d'animation : jeux de rôle, débat, exercices collectifs ou individuels... Précisez si un support sera remis aux participants.

C'est le moment aussi de fixer quelques règles de fonctionnement concernant les téléphones mobiles, la cigarette et les moments de détente prévus.

➤ **Séquences** Quel est le plan ?

Présentez le découpage par 1 / 4 ou 1 / 2 journées.

Attention à ne pas trop entrer dans le détail, vous perdriez en clarté en vous ôtant la possibilité d'effectuer en cours d'animation les ajustements nécessaires.

Vous trouverez des conseils pour bâtir vos séquences au chapitre 6.

➤ **Timing** Quels sont les horaires ?

Précisez l'heure de début et de fin des travaux ainsi que les horaires des pauses et des repas.

À l'issue de la présentation de votre TOAST, avant d'entrer dans le vif du sujet, prenez le temps de vous assurer que chacun a bien compris et qu'il ne reste pas de question en suspens concernant le déroulé de votre animation.

22 *Un exemple de démarrage*

Dans l'exemple suivant, le son désigne ce que l'animateur dit et l'image désigne ce qu'il fait.

➤ **Signal de départ (10")**

Son : « *Bien, je vous propose de commencer.*»

Image : L'animateur est debout, souriant, posé, il parle fort.

➤ **Présentation de l'animateur (20")**

Son : « *Bonjour, bienvenue dans cette session. Je m'appelle Sophie Desjardin, je travaille au département Qualité, et c'est moi qui aurait le plaisir d'être votre animatrice durant ces 2 jours. Pour fêter cela, je vous propose de porter un Toast*».

Image : L'animateur est debout, souriant, posé, il parle fort et distinctement

➤ **Présentation du Toast (2')**

Son : L'animateur lit son TOAST en commentant brièvement les mots clefs.

Image : L'animateur dévoile son TOAST qu'il a rédigé sur paper-board. Il fait face au groupe et regarde tour à tour chaque personne de son auditoire.

.../...

➤ **Vérification de la compréhension (30" si pas de question)**

Son : « *Est-ce que tout est clair pour tout le monde ?* »

Image : L'animateur sourit en posant sa question. Il laisse quelques instants de silence et il répond brièvement à d'éventuelles questions portant sur l'organisation de la session.

➤ **Accroche [99] et transition vers les présentations (2')**

Son : « *Avant d'aller plus loin, je voudrais vous poser une question: que faut-il pour faire un film ?* » Les participants répondent. « *Alors si on résume ce que vous avez dit, il faut :*

– *pour ce qui est de la technique, il faudra faire avec les moyens du bord.*

– *un scénario : c'est le Toast que je viens de vous présenter.*

– *un réalisateur : c'est moi !*

– *des acteurs : les acteurs ce sont vous, je compte sur votre participation.*

Eh bien justement puisqu'on parle de casting, je vous propose que chacun d'entre vous se présente »

Image : lors du recueil des réponses, l'animateur se déplace dans la salle, s'avance légèrement vers ceux qui parlent, n'oublie personne du regard. Puis il se recule et ne se déplace plus pour faire sa synthèse.

23 *La cascade du petit*

Mettez-vous dans la peau du participant qui entend vos premières paroles :

« *Bonjour, on va passer ensemble une petite journée. Chacun pourrait se présenter un peu en faisant un petit tour de table puis j'essayerai de vous expliquer un petit peu ce qu'on va tenter de faire pendant cette petite réunion* ».

La cascade du petit, c'est cette accumulation – souvent inconsciente – de l'adjectif « petit », du conditionnel et d'adverbes exprimant une réserve ; peut être, éventuellement... Il s'agit d'un phénomène de langage très courant dans l'entreprise : « une petite augmentation », « un petit café », « une petite signature », etc.

Pour l'animateur, la cascade du petit est à proscrire absolument, tout spécialement lors du démarrage. Soyez vigilant à bannir de votre vocabulaire tous ces mots parasites qui finiront par vous rendre inexistant aux yeux de vos participants. Soyez affirmatif dans votre verbal comme vous l'êtes dans votre non-verbal.

À petit animateur, petite animation.

« *Bonjour. Pour débuter cette journée, je propose que chacun se présente. À l'issue de ce tour de table, je vous présenterai le programme de cette journée* ».

N'êtes-vous pas plus convaincant ainsi ?

24 *Conseils pratiques*

- Gardez votre TOAST, au chaud, à portée de main pour pouvoir vous y référer en cours d'animation.
- Si vous avez écrit votre TOAST sur paper, pensez à le récupérer en fin d'animation.
- Tandis que la salle se remplit, masquez votre TOAST pour le dévoiler seulement au moment du démarrage.
- Veillez à ce qu'aucun visuel ne distraie l'attention de vos participants quand vous démarrez.
- Ne vous faites pas entraîner dans le fond du sujet lors de la phase de démarrage.
- Pour assurer votre démarrage, écrivez votre première phrase et n'hésitez pas à la lire : mieux vaut flotter sans grâce que couler avec élégance !

Ce qu'il faut retenir

- *Never low and slow* : le décollage est un moment de forte existence.
- N'improvisez pas votre démarrage : dites ce que vous avez prévu de dire et c'est tout.
- Souriez.
- Attention à la cascade du petit.

Chapitre 4
La conclusion

« En toute chose, il faut considérer la fin. »
Boileau

25 *Messages clefs*

Comme le démarrage, la conclusion est un moment fort d'existence pour l'animateur et le principe « *never low and slow* » **[19]** s'applique de la même façon. Celle-ci doit être :

- préparée (pas d'improvisation) ;
- courte (la capacité d'écoute des participants est faible) ;
- dynamique (la fatigue se fait sentir) ;
- percutante (la dernière impression que vous laissez est décisive).

Dans le cas d'un groupe de travail, la conclusion type est en général double :

- bilan du travail effectué (par rapport à l'objectif initial) ;
- suite des événements (prochaine étape, avenir de la production du groupe).

Dans le cas d'une formation ou d'une présentation, la conclusion est le moment de revenir une dernière fois sur les messages clefs et de laisser un temps d'appropriation aux participants.

Pour rendre votre conclusion pertinente en tant que formateur, vous devez adapter ce que vous avez prévu de dire en fonction de ce qui s'est déroulé dans les heures ou les journées précédentes. Exemple : si durant votre formation les participants ont souvent commis la même erreur, il est important que dans votre conclusion vous rappeliez la marche à suivre dans cette situation. À l'inverse, si vous aviez prévu de souligner un point totalement intégré par le groupe, il n'est pas nécessaire de revenir dessus lors de la conclusion.

26 *Temps d'appropriation*

Dans le cadre d'une formation, il est important en tant que formateur que vous rappeliez les messages clefs : une technique intéressante consiste à laisser au préalable un temps d'appropriation aux participants. Cette manière de faire est intéressante à plus d'un titre.

- Chaque participant reste actif jusqu'au dernier moment au lieu d'écouter passivement votre bénédiction finale.

.../...

– Le participant prend conscience que ce qui compte, c'est ce que lui va personnellement retirer de ces jours passés ensemble. C'est à lui, et non à vous animateur, d'identifier ce qui va le plus l'aider à progresser.
– Vous pouvez mesurer en direct le phénomène de « perte en ligne » **[94]** et modifier si nécessaire votre conclusion en fonction.
– Vous pouvez ainsi de manière indirecte mesurer l'efficacité de votre action en fonction de la qualité des réponses.

Ce temps d'appropriation peut être individuel ou collectif.

➤ Exemple d'appropriation individuelle

Vous demandez à chaque participant de prendre 10 minutes pour identifier 3 points de vigilance personnels à formaliser sous forme d'actions concrètes à mettre en œuvre de retour de formation. À l'issue de ces 10 minutes de réflexion, chacun lit ses 3 actions, vous intervenez si vous jugez que les actions ne sont pas assez concrètes.

➤ Exemple d'appropriation collective

Vous identifiez parmi vos apports, les thèmes sur lesquels vous souhaitez faire porter votre conclusion. Vous demandez aux participants de se regrouper en binômes.

Chaque binôme a 10 minutes pour identifier 3 messages clefs sur le thème que vous lui confiez. À l'issue de ces 10 minutes, chaque groupe communique à l'ensemble du groupe les messages liés à son thème.

L'utilisation d'un panneau peut s'avérer ici très pratique (Chapitre 15. Les cartes réponses). Sur un panneau vous préparez un emplacement pour chaque thème et distribuez des cartes et des feutres aux binômes. Les binômes notent sur les cartes leurs messages clefs qu'ils viennent coller chacun à leur tour sur le panneau à l'emplacement que vous avez préparé à cet effet.

À l'issue des présentations, vous pouvez intervenir pour compléter un thème en collant vos propres cartes.

27 *L'évaluation*

Il est traditionnel en matière d'animation de procéder à une évaluation. Que signifie évaluer une animation ? Cela consiste dans la plupart des cas à mesurer la satisfaction des participants.

On distingue l'évaluation dite « à chaud » (à l'issue de la formation avant que les participants ne quittent la salle) de l'évaluation dite « à froid » (réalisée après qu'un laps de temps se soit écoulé : jours, mois, voire années). Quelle que soit la « température » de l'évaluation, celle-ci peut être réalisée par écrit (questionnaire) ou par oral (tour de table). Ce questionnaire se présente généralement sous la forme d'une échelle de satisfaction à cocher ainsi que d'une zone de commentaires libres.

.../...

Les thèmes proposés portent généralement sur les points suivants : les contenus, l'atteinte des objectifs, les conditions matérielles, l'animation, les documents remis.

L'évaluation écrite est souvent plus riche car les participants répondent à un questionnaire détaillé. Mais, paradoxalement, l'évaluation orale est souvent plus intéressante. Ainsi, en admettant que chaque participant prenne le temps de répondre au questionnaire (ce qui n'est pas toujours le cas) vous saurez ce que chaque participant a pensé par exemple des jeux de rôle. Si les jeux de rôle sont cotés positivement sur l'échelle de satisfaction, vous en concluerez légitimement que les jeux de rôle ont été très appréciés. Si vous procédez par oral sans faire allusion aux jeux de rôle, peut-être que personne ne les mentionnera spontanément : dans ce cas, ils ont probablement eu moins d'impact sur les participants que l'évaluation écrite ne le laissait supposer.

Quelle valeur accorder aux évaluations ?

La question mérite d'être soulevée. En effet, il est de bon ton chez les animateurs, tout spécialement chez les formateurs, de se gargariser de leurs évaluations qu'ils brandissent à qui veut les voir.

Il convient de relativiser leur signification surtout dans le domaine de la formation. Pourquoi ?

• Tout d'abord l'évaluation mesure un **degré de satisfaction**, elle est donc par nature très subjective. Un film à succès est-il un bon film ? L'évaluation ne mesure-t-elle pas plus la qualité du contact établi entre l'animateur et son public que la qualité proprement dite de son action ?

• Deuxièmement, la sincérité des réponses est bien souvent sujette à caution. Pour peu que l'on soit lucide, on constate que les participants disent rarement ce qu'ils pensent. Ceci est particulièrement vrai si le jugement est négatif. On ne veut pas faire de peine à l'animateur qui est après tout « gentil » ni l'exposer aux sanctions que l'on imagine prises par son patron à la vue d'évaluations négatives. En tant que participant, j'ai été plus d'une fois saisi par le gouffre qui sépare parfois les commentaires des participants entre eux (c'est la catastrophe) et ce qu'ils écrivent sur leurs évaluations (c'est formidable). Exprimer son mécontentement, c'est risquer de passer pour le grognon de service ou l'empêcheur de tourner en rond. Il faudra justifier ses critiques. Décidément il est plus confortable de voter « moyen »... C'est pourquoi, les évaluations sont toujours beaucoup plus fiables lors des stages inter-entreprises que lors de stages intra-entreprise.

• Troisièmement, les formations institutionnelles qui sont de plus en plus nombreuses font peser une lourde pression sur les participants. Quel cadre oserait critiquer ouvertement le séminaire dont la Direction Générale vient de souligner l'importance ? Quel employé oserait déclarer que le discours du grand patron n'a, une fois de plus, apporté aucune réponse concrète aux interrogations de la base ?

• Enfin, quel que soit le talent de l'animateur, je n'ai jamais vu ni entendu parler d'un participant préférant louper son train ou son avion plutôt que les derniers mots de l'animateur.

.../...

Comme on le voit, après un premier mouvement bien légitime de satisfaction et d'orgueil à la vue de tous les compliments de vos participants (ah, la douce ivresse de la séduction...), vous serez bien avisé de garder la tête froide en méditant ce mot de Napoléon « quand on dit que le roi est bon, le règne est raté ».

Faut-il pour autant n'accorder aucune valeur aux évaluations ? Certainement pas. Elles sont utiles à plus d'un titre.

• On l'a dit, elles permettent surtout de mesurer les capacités d'animation de l'animateur. Ce n'est pas le seul paramètre mais c'est un paramètre important.

• Une évaluation détaillée par séquence peut permettre d'améliorer la trame en la faisant évoluer sur tel ou tel point.

• Dans une équipe d'animateurs, une différence dans les évaluations d'un groupe à l'autre permet un échange constructif de pratiques entre les animateurs. Comment font les autres pour animer cette séquence dans laquelle je ne suis pas à l'aise ?

• Plus que l'évaluation elle-même, ce sont les commentaires l'accompagnant qui sont intéressants. Pensez à faire le point sur les évaluations avec votre client. Il est rare qu'en confrontant vos points de vue, il n'en ressorte rien de constructif.

• En cas d'animations répétitives, plus que les évalutions dans l'absolu, ce qui est intéressant, c'est de suivre leur évolution.

• Enfin, mieux vaut un indicateur imparfait que pas d'indicateur du tout. Si certains commentaires sont à prendre avec du recul, ils sont en général représentatifs, sauf dans le cas de formations très institutionnelles.

La question est moins de savoir si la critique ou la louange est fondée que de savoir si elle est représentative.

28 *Comment obtenir de bonnes évaluations ?*

Dans les questionnaires d'évaluation, formulez vos questions de telle manière qu'il soit naturel de répondre positivement.

Par exemple, au lieu de demander de réagir à l'affirmation suivante :

« *À l'issue de cette formation, je me sens tout à fait capable d'utiliser le logiciel Word.* »

(il y a tellement de fonctionnalités qu'il est difficile de répondre oui), préférez plutôt une affirmation du type « *à l'issue de cette formation, j'ai compris les différentes fonctionnalités de Word* » (oui, je les ai comprises même si je ne les maîtrise pas toutes).

En cas d'évaluation orale, lors du tour de table, si vous savez qu'une personne est hostile, coupez lui l'herbe sous le pied. En général, elle cherchera à s'exprimer en premier ou en dernier pour donner le maximum d'impact à sa critique. En procédant nominativement, arrangez-vous pour neutraliser sa critique entre deux témoignages enthousiastes. Faites toujours s'exprimer quelqu'un de positif en premier. Cela donne le ton.

.../...

Lors des pauses et des repas, efforcez-vous de lier conversation avec les personnes hostiles. Vous les empêchez ainsi de ruminer leur hostilité. De plus, il est plus difficile de critiquer une personne courtoise et ouverte que quelqu'un qui vous ignore.

Si des personnes expriment ouvertement leur hostilité, écoutez-les et dites que vous comprenez leur point de vue même si vous ne le partagez pas. Voilà ce que risque de penser cette personne : *« je n'aime pas ce que ce type/cette bonne femme raconte mais je vois qu'il n'est pas dupe sur la façon dont son discours est accueilli. Mais après tout il est payé pour nous dire ça, je ne peux pas lui reprocher de faire son travail. »*

Certains animateurs n'hésitent pas à recourir à des pratiques plus discutables… :

• Juste avant de distribuer les questionnaires d'évaluation, ils disent combien ils ont eu de plaisir à animer ce groupe si sympathique et dynamique.

• Dans le compte-rendu, ils font le tri dans le tour de table, minimisant les critiques, s'apesantissant sur les points positifs. Au besoin les créant. Exemple : les participants n'ont fait aucun commentaire sur les documents qui leur ont été distribués, ni en positif ni en négatif. Ils transforment « aucun commentaire sur les documents » dans leur compte-rendu en : « les participants sont satisfaits des documents remis lors du séminaire », si ce n'était pas le cas, les participants l'auraient dit, non ?

• Si ils sont en contact direct avec le patron, ils n'hésitent pas à y faire souvent allusion : « *Je me souviens que Monsieur Attila a été très clair sur ce point lors du dernier comité de direction.* » (« *il connait Attila et il assiste aux comités de direction !* » pensent les participants). Cela impressionne les employés et les agents de maîtrise élevés dans le respect de la hiérarchie.

• Avec les cadres ils se montrent plus subtils en déclarant : « *Jean-Pierre Attila me confiait hier qu'il s'interrogeait sur l'opportunité de maintenir deux départements distincts* » (« *m… ! Je croyais que ce projet de fusion était oublié, quel idiot je fais, ce n'est pas le moment de me faire remarquer par des commentaires négatifs sur cette animation en plein vote des budgets !* » pensent les participants). Dans le même ordre d'idées, ils s'arrangent pour que le patron soit là pour l'évaluation, cela amènera les récalcitrants à être de meilleure composition. À défaut, qu'il soit là au démarrage pour insister sur l'importance de ce séminaire.

• Si le patron en question fait partie du groupe : ils ne le quittent pas d'une semelle lors des pauses et du repas. Ils sont attentifs à ses réactions. C'est un peu lent ? Justement ils se disaient qu'il était temps d'accélérer. C'est un peu rapide ? Ça tombe bien, lors de la prochaine séquence, ils ont prévu de faire un point sur ce qui vient d'être dit !

• Enfin, l'arme absolue dans le cadre d'une production d'atelier (*cf.* l'animation grand groupe) : ils annoncent, contrairement à ce qui a été prévu initialement, que ce n'est pas eux, mais un participant choisi par le groupe qui fera la restitution des travaux. Bien entendu, la restitution est prévue dans 2 heures en présence de M. Attila.

29 Comment se comporter lors de l'évaluation ?

Si l'évaluation a lieu en votre présence (évaluation « à chaud »), les participants vont s'exprimer sur la qualité de votre travail.

Il arrive parfois que ce ne soit pas à vous d'animer cette séquence mais votre client, le responsable formation... Quoi qu'il en soit, lors de l'évaluation, vous ne devez pas répondre aux participants. Vous êtes là pour enregistrer leurs commentaires, votre animation est finie ! Devant un commentaire trop général, vous devez simplement veiller, si vous procédez par tour de table, à ce que chacun s'exprime. Il arrive parfois qu'il soit nécessaire d'approfondir. Si par exemple un participant critique l'étude de cas, vous pouvez lui demander ce qui ne lui a pas plu : le principe de l'étude de cas lui-même, les situations choisies, l'exploitation du cas...

Si à l'issue du tour de table, il apparait que les commentaires sont homogènes, vous pouvez les reprendre en quelques points clefs.

Ne vous justifiez pas. L'animation est finie, vous n'êtes pas là pour faire changer d'avis les participants mais pour écouter leurs réactions. Quelles que soient ces réactions.

30 Conseils pratiques

- Préparez votre conclusion avant la fin de votre animation.
- Ne multipliez pas les questions ouvertes dans les évaluations, leur synthèse serait trop consommatrice de temps.
- Si les participants chantent vos louanges, dites-leur simplement «merci».
- Soyez toujours attentifs aux critiques, elles sont rarement infondées et vous permettent de vous améliorer.
- Vous pouvez demander aux participants de coller une carte réponse anonyme sur le tableau avec «mon état d'esprit» en quittant la salle.
- Dans la conception de vos questionnaires d'évaluation, prévoyez toujours des échelles de satisfaction comprenant un nombre pair de cases. Si vous proposez des échelles impaires, le risque est grand que les participants se réfugient dans la case du milieu.

Ce qu'il faut retenir

- *Never low and slow* : la conclusion est un moment de forte existence.
- Procédez toujours à une évaluation, même de manière brève et informelle.
- Ne vous justifiez pas lors de l'évaluation.
- Rappelez les messages clefs et la prochaine étape s'il y a lieu.

PARTIE 2

LA CONCEPTION D'UNE ANIMATION

Chapitre 5

L'objectif

Objectif flou, animateur mou, résultat fou.

31 *Pourquoi un objectif ?*

➤ Pour évaluer l'efficacité de votre animation

Définir un objectif, c'est répondre à la question « à quoi sert cette animation ? ». Cela permet de mesurer l'efficacité de votre prestation à la fin d'animation. En comparant les résultats obtenus à l'issue de l'animation avec l'objectif affiché initialement, vous serez en mesure d'évaluer la valeur ajoutée de votre séance de manière plus objective qu'en mesurant simplement la satisfaction des participants.

Votre animation a coûté du temps, de l'argent, de l'énergie ; il est bien normal de s'interroger pour savoir à quoi cela a-t-il servi.

➤ Pour préparer efficacement votre animation

L'objectif est le tamis qui va vous permettre de sélectionner vos contenus et vos méthodes d'animation. Est-il utile de dire ceci et de cette manière ? De faire cela ou de montrer tel visuel ? Si cela contribue à l'atteinte de l'objectif, la réponse est oui, sinon c'est inutile.

➤ Pour s'engager

Lorsque l'animateur formalise un objectif, il détermine ce que les participants auront acquis, compris, produit, décidé... à la fin de son animation. Au travers de votre objectif, vous vous engagez. Vous vous soumettez à une obligation de résultat (voilà à quoi aura servi mon intervention) et non à une obligation de moyens (voilà ce que je vais dire ou faire pendant mon intervention).

Au-delà de ce que vous dites et faites (actions), ce qui compte en définitive c'est que vous ayez atteint votre objectif (résultat).

Là réside toute la différence entre un animateur et un professeur ou un conférencier :

- montrer n'est pas former ;
- parler n'est pas animer ;
- expliquer n'est pas convaincre.

32 *Comment rédiger un objectif d'animation ?*

Ce qui est important ce n'est pas ce que le formateur dit ou fait, mais ce que les participants comprennent et retiennent. Cette règle, dure à accepter par le formateur est valable pour tous les animateurs.

C'est pourquoi, un objectif d'animation doit être impérativement formulé, non du point de vue de l'animateur (action) mais du point de vue des participants (résultat recherché).

Point de vue de l'animateur (actions)	Point de vue des participants (résultat recherché)
• Expliquer les consignes à appliquer en cas d'incendie.	• Faire mémoriser la procédure d'évacuation.
• Présenter l'organigramme du client à des vendeurs.	• Identifier les décideurs chez le client.
• Montrer comment réaliser un tableau excel.	• Être capable de réaliser un tableau excel.
• Enseigner les techniques de l'écoute active.	• Savoir réagir face à un client agressif.
• Présenter le budget au comité de direction.	• Obtenir le financement du projet par le comité de direction.
• Parler d'internet.	• Connaître les principes de fonctionnement et d'accès à internet.
• Discuter des choses à faire.	• Élaborer un plan d'action.
• Faire un exposé sur le marché…	• Être capable d'expliquer à un fournisseur l'état actuel du marché…

33 *Qu'est-ce qu'un objectif pédagogique ?*

En matière d'animation, on parle volontiers d'objectif « pédagogique » afin de ne pas le confondre avec l'objectif « opérationnel ».

L'objectif opérationnel est un objectif d'action. C'est le résultat global, final, que l'on veut atteindre.

Exemples d'objectifs opérationnels : réduire les coûts / augmenter la part de marché / obtenir une certification / réussir le passage à l'an 2000...

L'objectif pédagogique est un objectif d'animation. C'est le résultat intermédiaire que l'on veut obtenir à la fin de l'animation.

Exemples d'objectifs pédagogiques : arrêter un plan d'action / identifier les personnes ressources sur le projet / faire prendre conscience de la nécessité d'implanter S.A.P…

Une erreur classique pour l'animateur consiste à prendre pour objectif pédagogique un objectif opérationnel. Aucune réunion ne s'est soldée par une réduction des coûts ni d'augmentation de part de marché. …/…

Par contre, la réunion a pu permettre de prendre des décisions, qui mises en œuvre, permettront d'atteindre ce résultat. Un objectif pédagogique doit faciliter l'atteinte d'un objectif opérationnel mais ne peut s'y substituer.

34 *Exemple du Directeur commercial*

Prenons le Directeur commercial d'une entreprise. Que recherche-t-il ?

Augmenter ses ventes bien sûr !

« Augmenter les ventes » constitue l'objectif opérationnel du directeur commercial. Imaginons qu'après avoir mené une enquête auprès de ses clients, ce directeur s'aperçoit que si les ventes ne progressent pas c'est parce que ces derniers mettent en cause ses commerciaux : les clients leur reprochent en effet de vouloir leur imposer des solutions toutes faites sans tenir compte de leurs besoins spécifiques. Notre directeur réagit aussitôt en montant une formation de 2 jours pour ses commerciaux dont l'objectif est « d'augmenter les ventes ».

Il vient ainsi de commettre la traditionnelle erreur qui consiste à confondre objectif opérationnel et objectif pédagogique. En effet, s'il suffisait d'envoyer ses commerciaux 2 jours en formation pour augmenter ses ventes, les carnets de commande seraient pleins depuis longtemps !

Le consultant appelé à la rescousse propose la démarche suivante : un atelier d'une journée réunissant des commerciaux.

De cet atelier, il ressort que les commerciaux ont du mal à identifier les besoins du client et qu'ils utilisent toujours les mêmes arguments de vente. Une formation est alors proposée aux commerciaux.

➤ **Objectif opérationnel du Directeur commercial: augmenter les ventes!**

➤ **Objectifs pédagogiques de l'animateur:**

- Pour l'atelier :

– prendre conscience des attentes du client.
– recenser les difficultés rencontrées pour répondre aux besoins des clients.

- Pour la formation :

– savoir recueillir les besoins du client.
– s'entraîner à bâtir un argumentaire personnalisé à partir des besoins du client.

35 *De quoi faut-il tenir compte pour définir un objectif pédagogique ?*

Les éléments ci-dessous représentent autant d'opportunités à saisir que de contraintes à intégrer. À vous de trouver le juste équilibre entre ambition et réalisme de l'objectif pédagogique.

.../...

- Le temps imparti. Il existe des seuils incompressibles : souvenez-vous que pour faire un bébé il faut 9 mois !
- Le niveau des participants et leur motivation. Sont-ils débutants, confirmés, experts sur le sujet ? Sont-ils volontaires ou désignés d'office ?
- Le contexte. L'entreprise est-elle en croissance ou en restructuration ? Le sujet abordé est-il considéré comme une priorité ?
- Les attentes du client. Quel est le niveau d'exigence de la demande ? Les arbitrages nécessaires ont-ils été rendus ? Les priorités ont-elles été définies ?
- Les moyens mis à disposition : temps, logistique, salle, personnes, ressources…
- Votre compétence d'animation : des jeunes capitaines on vantera la bravoure, des anciens l'expérience…

36 *Objectif affiché et objectif caché*

Il arrive parfois que pour atteindre un objectif vous ne deviez pas l'afficher mais le « masquer » derrière un autre qui sert en quelque sorte de prétexte. Voici 2 exemples :

➤ La fusion

Objectif affiché de la réunion de travail : valider les besoins de recrutement de la nouvelle entité pour les 3 ans à venir.

Objectif caché : faire se réunir pour la première fois des personnes issues des 2 entreprises fusionnées afin qu'elles apprennent à se connaître et à travailler ensemble. Il est prévu que les personnes déjeunent en commun et l'animateur a préparé des travaux en sous-groupes dans lequels les personnes seront mélangées.

➤ La formation management

Objectif affiché de la formation destinée aux responsables du service après-vente : acquérir les outils et les méthodes pour manager son équipe.

Objectif caché : valoriser les responsables du service après-vente.

Le service après-vente a le sentiment d'être dévalorisé par rapport aux commerciaux, il a été très fragilisé lors de la dernière grève. En organisant pour la première fois une action de formation qui leur est spécifique, animée par un consultant extérieur réputé, dans un cadre résidentiel prestigieux, la Direction espère remotiver les troupes.

Même si dans les 2 cas les participants ne sont pas dupes, il va de soi que si vous affichiez directement l'objectif masqué vous limiteriez les chances de l'atteindre.

37 *Conseils pratiques*

- Pour faciliter la formulation de vos objectifs d'animation, complétez la phrase suivante : « à la fin de cette animation je veux que les participants... » (par exemple «... aient rédigé des propositions concrètes d'améliorations concernant le fonctionnement du secrétariat »).
- Testez vos objectifs sur un cobaye pour voir ses réactions.
- Limitez le nombre de vos objectifs : à les multiplier vous n'êtes plus crédible.
- N'hésitez pas à vous faire préciser l'objectif de votre animation par votre client ; les échecs en animation sont souvent provoqués par une mauvaise définition initiale de l'objectif. Si vous ressentez la présence d'objectifs cachés, aidez votre client à les expliciter.
- Si vous avez un doute sur une séquence, posez-vous la question de savoir si cette séquence favorise la progression pour atteindre l'objectif.

(!) Ce qu'il faut retenir

- Pas d'animation sans objectif.
- Ne confondez pas objectif opérationnel et objectif d'animation.

Chapitre 6

La trame

« La perfection est atteinte, non pas lorsque l'on ne peut plus rien ajouter, mais lorsqu'on ne peut plus rien enlever. »
Antoine de Saint-Exupéry

38 *Qu'est-ce qu'une trame ?*

La trame est le fil directeur de votre animation. L'objectif répond à la question « pourquoi ? », la trame répond à la question « comment ? ». Pour bien distinguer l'objectif de la trame, on pourrait comparer l'objectif à la destination (l'endroit où l'animateur veut amener son groupe) et la trame à l'itinéraire (le chemin que l'animateur compte emprunter pour y arriver).

Votre trame doit donc être suffisamment détaillée, pour que vous sachiez ce que vous avez à faire à chaque séquence, et suffisamment synthétique pour vous permettre de garder une vision d'ensemble de votre animation.

La longueur de votre trame doit être proportionnelle à la durée de votre animation : de quelques lignes sur une feuille pour une séquence de 2 heures à une vingtaine de pages pour un séminaire de plusieurs jours.

39 *À quoi reconnaît-on une bonne trame ?*

– Les séquences s'enchaînent naturellement.
– Les participants savent à chaque instant où ils en sont.
– L'animateur est maître de son timing.
– L'animation est rythmée et sans temps mort.
– La finalité des travaux, apports ou exercices apparaît clairement.
– L'animateur n'est pas destabilisé par un événement imprévu.
– L'animateur peut-être remplacé au pied levé.

40 *Quelques pièges à éviter dans la construction d'une trame*

Être un bon animateur, ce n'est pas seulement savoir bien animer, c'est aussi savoir construire des trames efficaces. Voici les pièges les plus courants à éviter.

- Se faire plaisir : vouloir à tout prix placer une séquence. Un exercice ou un apport n'a de valeur que s'il contribue à l'atteinte de l'objectif pédagogique [**33**].

.../...

- Raffiner à outrance : attention, le mieux est l'ennemi du bien. Une trame sophistiquée se révélera impraticable au premier accroc.
- Sous-estimer le timing : dans le feu de l'action l'animateur a toujours tendance à prendre plus de temps qu'il n'en avait initialement prévu. Ceci est particulièrement vrai pour les formateurs passionnés par leur sujet. Certaines phases sont consommatrices de temps par nature : démarrage, conclusion, jeu de rôle, intervention institutionnelle...
- S'installer dans la routine en reproduisant un schéma habituel sans chercher à l'améliorer.
- Aller à l'encontre des principes pédagogiques de base (Chap. 10).
- Ne pas tenir compte des contraintes pesant sur l'animation : par exemple planifier des travaux en sous-groupes de longue durée alors qu'on ne dispose que d'une salle exiguë ou prévoir une intervention institutionnelle à un moment de non-disponibilité de l'intéressé.
- Négliger les transitions en s'imaginant qu'il sera toujours temps de les improviser le moment venu.

41 *Trame type*

Une trame d'animation s'articule autour de séquences pédagogiques. Une journée d'animation type se déroule en 4 séquences d'une heure trente environ chacune rythmée par les pauses.

Séquence 1 : du démarrage à la pause du matin (9 h 00 à 10 h 30)

Séquence 2 : de la pause du matin au déjeuner (11 h 00 à 12 h 30)

Séquence 3 : du déjeuner à la pause de l'après-midi (14 h 00 à 15 h 30)

Séquence 4 : de la pause de l'après-midi à la conclusion (16 h 00 à 17 h 30)

Prévoyez un quart d'heure de sécurité par séquence en dimensionnant largement la durée de vos pauses (30 minutes). Cela vous donnera une demi-heure de battement par jour pour vous permettre de respecter votre timing en souplesse.

Voici une trame type vierge détaillée.

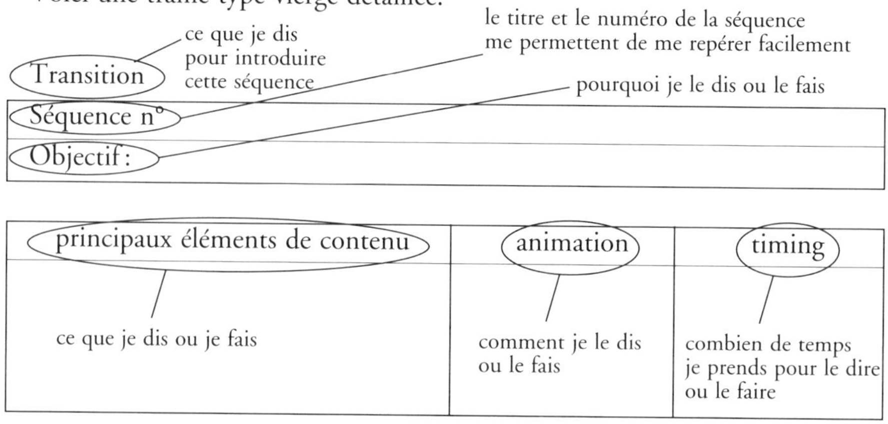

42 *Trame détaillée et trame synthétique*

Vous avez vu comment se présente une trame détaillée [**41**]. Pour être à l'aise dans les animations de longue durée (une journée ou plus), vous avez besoin de la compléter par une trame plus synthétique qui vous donne une vision globale de votre animation. Cette trame synthétique vous permettra par ailleurs de présenter l'animation à votre client.

Afin de faciliter la lecture de votre trame synthétique et vous repérer instinctivement d'un simple coup d'œil, il importe d'identifier visuellement les séquences.

Chaque séquence (une séquence type dure de 1 h 30 à 2 h 00) est représentée par un rectangle. Sachant que chaque journée est composée de 2 demi-journées comprenant chacune 2 séquences séparées d'une pause, chaque journée est représentée par 4 rectangles. Maintenant, vous avez le choix entre relire calmement cette phrase en me maudissant ou regarder l'illustration ci-dessous.

Exemple de trame synthétique de 3 jours

9 h 00	1 - le mot du Président - présentations - synopsis du séminaire	5 - cas : exercice n°2	9 - mise en main SP3 : exercices
13 h 00	2 - tour de table sur l'enquête client - les résultats de l'enquête	6 - la nouvelle organisation du SAV - présentation de SP3	10 - synthèse des travaux - préparation du déjeuner débat
			Déjeuner débat
14 h 30	3 - présentation de l'étude de cas	7 - cas : simulations	11 - conclusion par les participants
19 h 00	4 - cas : exercice n°1 - apport : benchmark	8 - cas : simulations suite	12 - plans d'action - évaluations

43 Conseils pratiques

- Ne cherchez pas la sophistication : les trames les plus simples sont toujours les meilleures.
- En cours d'animation, servez-vous de votre trame détaillée pour noter vos commentaires : modifications à apporter, idées d'amélioration, réactions des participants…
- Si vous concevez une trame qui sera animée par d'autres que vous, veillez à être explicite et à éviter les séquences que vous seriez seuls à être capables d'animer. Si quelqu'un est capable d'animer à votre place, c'est que votre trame est excellente.
- Évitez de prévoir des exposés après le repas : la digestion est peu propice à l'écoute.
- Ne mettez pas votre trame sous plastique : si vous êtes dans une salle aveugle, la lumière électrique peut se refléter sur le plastique la rendant illisible.

CE QU'IL FAUT RETENIR

- Ayez toujours sous les yeux une trame synthétique.
- Soyez réaliste sur le timing.
- Soignez vos transitions.

Chapitre 7

Les aides visuelles

« Un petit croquis vaut mieux qu'un long discours. »
Napoléon

44 Qu'est-ce qu'un visuel ?

Pour simplifier, on peut dire qu'un visuel est ce que l'animateur montre à son auditoire.

Il existe de nombreux types de visuels qui peuvent se regrouper en 3 grandes catégories.

➤ Les surfaces d'écriture

– tableau papier (feutres indélébiles).
– tableau blanc (feutres délébiles).
– tableau noir (craie).
– panneau (cartes réponses)…

➤ Les projections

– transparents (rétroprojecteur ou vidéoprojecteur).
– vidéo.
– affiches.
– panneaux muraux…

➤ Les objets

leur liste est infinie puisqu'elle dépend du sujet traité. On peut citer quelques exemples :

– un architecte dévoilant la maquette d'un bâtiment ;
– une affiche grandeur nature présentée par un publicitaire à son client ;
– des échantillons de drogue qui circulent parmi des élèves policiers lors d'un cours sur les stupéfiants ;
– une pièce mécanique qui passe de main en main pour montrer la légèreté d'un nouveau matériau…

Les objets ne nécessitant aucune phase de conception pour l'animateur, seules les surfaces d'écriture et les projections sont abordées dans ce chapitre.

45 Pourquoi des aides visuelles ?

➤ Accélérer la compréhension

Faites l'expérience de décrire où se trouve le Kosovo sans carte et vous comprendrez toute l'utilité d'un visuel !

…/…

➤ Faciliter la mémorisation

Toutes les expériences menées sur la mémoire ont montré que le cerveau retient mieux ce qu'il entend s'il le voit en même temps. De plus, cela facilite la prise de notes, laquelle favorise la mémorisation.

➤ Soutenir l'attention

L'utilisation de supports visuels permet à l'animateur de focaliser l'attention des participants sur un point précis.

➤ Structurer l'animation

Qu'ai-je besoin de visualiser ? Sous quelle forme ? À quel moment ? sont des questions qui vous aideront à structurer votre animation.

46 *Construction d'un visuel : pertinence*

Un visuel qui ne répond à aucune des 4 exigences **[45]** n'a pas de valeur ajoutée. Comme l'indique le titre de ce chapitre, le visuel représente une aide. Le visuel doit concourir au succès de votre animation et non l'entraver ou la perturber.

Posez-vous donc toujours la question de l'utilité de vos visuels. Qu'apportent-ils à votre animation ? Que perdrait l'auditoire si vous les supprimiez ?

Qu'est-il souvent utile de visualiser ?

– le plan de votre animation ;
– vos messages clefs ;
– les noms, sigles, abréviations inconnus de votre auditoire ;
– les données chiffrées ;
– les schémas techniques ;
– les plans, cartes.

47 *Construction d'un visuel : lisibilité*

Un visuel lisible, c'est avant tout un visuel que les participants arrivent à voir et à lire (forme) avant de le comprendre (fond).

Quelles sont les principales causes de non-lisibilité d'un visuel ?

➤ La non prise en compte de la spécificité du visuel

Un visuel se prépare. Une idée reste encore hélas très répandue ; elle consiste à croire qu'il suffit de photocopier la page d'un livre pour en faire un visuel. Cette idée est fausse pour 2 raisons.

.../...

1 / Le lecteur a le livre sous les yeux alors que le visuel est distant du participant de plusieurs mètres. Les caractères, trop petits, deviennent illisibles.

2 / Le lecteur est seul face à son livre alors que le participant est face à l'animateur. Si le livre se suffit à lui-même, le visuel est destiné à être commenté.

➤ La surcharge

Le mieux est l'ennemi du bien. Lorsque l'animateur veut tout mettre sur son visuel, l'information n'est plus accessible par manque de clarté. Au lieu d'accélérer la compréhension, le visuel la ralentit ; ce dont s'apercevrait l'animateur s'il regardait son auditoire au lieu de regarder son visuel.

➤ Le non-respect des règles de composition

L'absence de titre, les dénominations et les codes couleurs changeant aléatoirement d'un visuel à l'autre, le corps des caractères trop petit…

48 *Le commentaire doit apporter un plus*

Il est rare qu'un visuel se suffise à lui-même, il est destiné à être accompagné d'un commentaire.

Ce commentaire vous permet d'une part d'alléger votre visuel puisqu'une partie du contenu peut être « sortie » du visuel pour être injectée dans le commentaire. D'autre part, il vous permet d'avoir une vraie valeur ajoutée : sans votre commentaire, le visuel paraît pauvre ou incomplet.

Votre commentaire peut consister à :

– expliquer ce qui est présenté

– donner un exemple

– apporter une précision

– détailler un des aspects présentés…

Par ailleurs, le commentaire est une variable importante de la gestion du temps. En jouant sur la longueur du commentaire, vous pouvez agir sur la fluidité et le rythme de votre animation pour respecter votre timing.

49 *Visuels de contenu et visuels de communication*

Pour éviter de lasser votre auditoire (« l'équation de la mort » **[97]**), pensez à alterner visuels de contenu et visuels de communication. Cette règle est d'autant plus nécessaire que votre nombre de visuels est élevé.

On appelle visuel de contenu, un visuel analytique, en général technique, destiné à faire comprendre un contenu et nécessitant un commentaire détaillé, un bilan comptable, le schéma d'un circuit électronique...

…/…

On appelle visuel de communication, un visuel de synthèse destiné à faire passer un message, ne nécessitant pas ou peu de commentaire, un chiffre ou un message clef, un dessin humoristique...

Visuel de contenu

100 000	105000	110250	115762,5	121550,625	127628,156	134009,564
5%						
100 000	107000	114490	122504,3	131079,601	140255,173	150073,035
7%						
100 000	108000	110040	125971,2	136048,896	146932,808	158687,432
8%						
100 000	109000	118810	129502,9	141158,161	153862,395	167710,011
9%						
100 000	110000	121000	133100	146410	161051	177156,1
10%						
100 000	111000	123210	136763,1	151807,041	168505,816	187041,455
11%						
100 000	112000	125440	140492,8	157351,936	176234,168	197382,269
12%	12 000	25 440	40 493	57 352	76 234	97 382

Visuel de communication

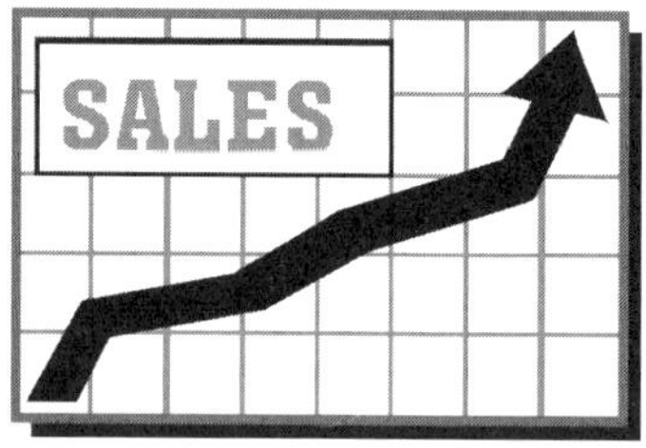

50 *Les différents langages visuels*

La monotonie engendre la lassitude, variez votre langage visuel.

Le texte : écrire gros et horizontalement de courtes phrases ou des mots clefs.

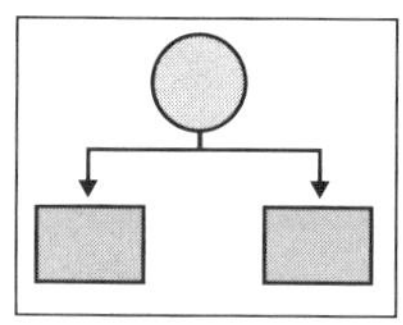

Les formes géométriques : des formes géométriques simples, reliées entre elles par des flèches permettent d'illustrer des processus, des enchaînements et circuits logiques.

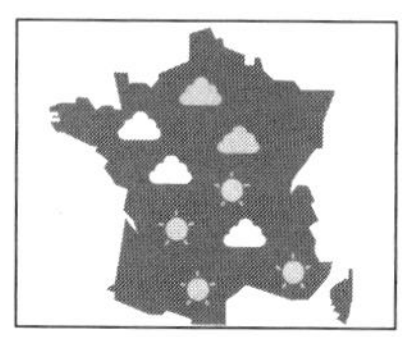

L'illustration pour la représentation du réel : ex. le commentaire d'une photo satellite.

Les pictogrammes et les symboles : ils agissent comme autant de raccourcis visuels.

51 La représentation des données chiffrées

les histogrammes

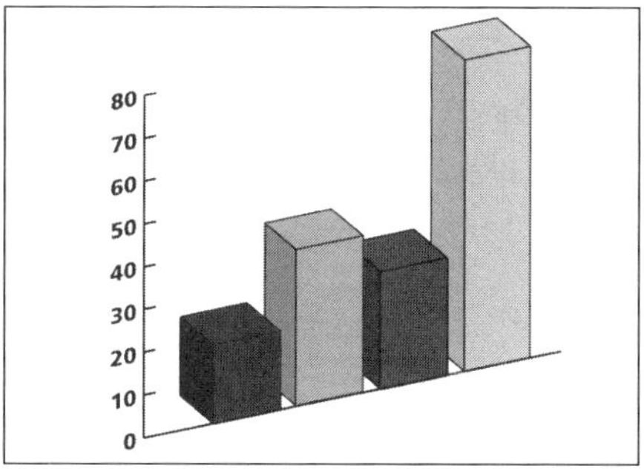

les courbes

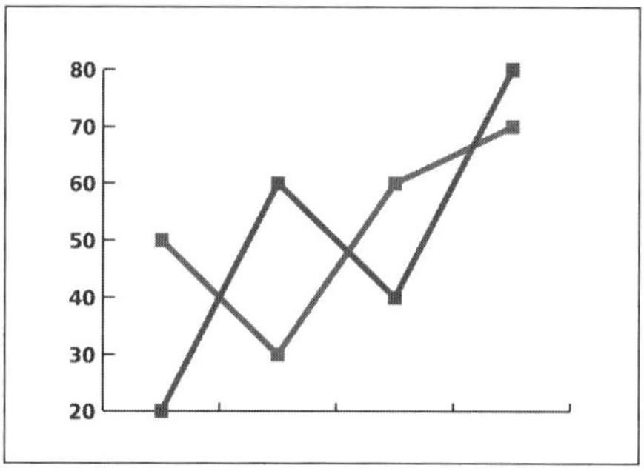

les camemberts

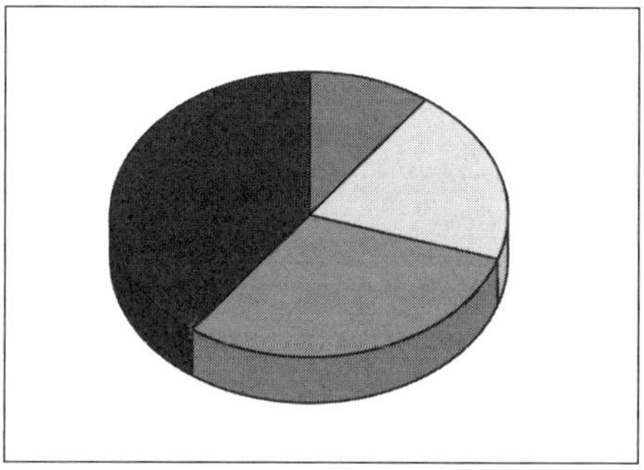

les cibles

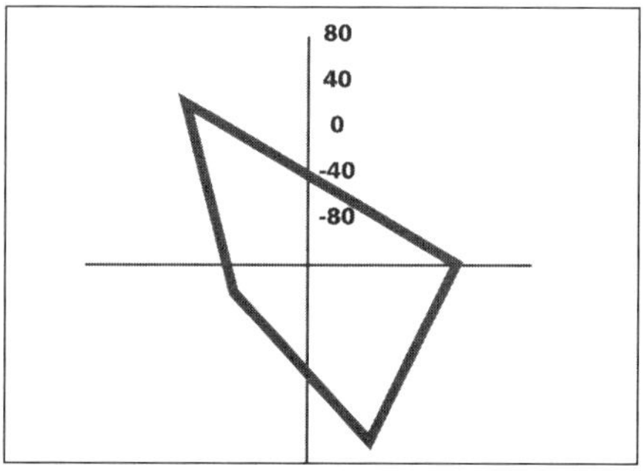

52 *Comment animer un visuel ?*

Mieux vaut éviter de faire figurer le commentaire sur le visuel lui-même. D'une part, cela permet de parler sans paraphraser le visuel, d'autre part d'adapter le commentaire en fonction des réactions des participants ou du temps imparti.

Où faire alors figurer vos commentaires ? 3 méthodes vous sont proposées.

➤ Le tableau papier

Notez au crayon papier un résumé de vos commentaires sur la page du tableau correspondant. Les commentaires sont lisibles pour vous qui vous tenez proche du tableau et demeurent invisibles aux yeux des participants (l'écriture magique **[75]**).

➤ Le protège transparent

En utilisant des protèges-transparents, vous pouvez vous servir des rabats, invisibles à l'écran, pour noter vos commentaires (le protège transparent **[77]**).

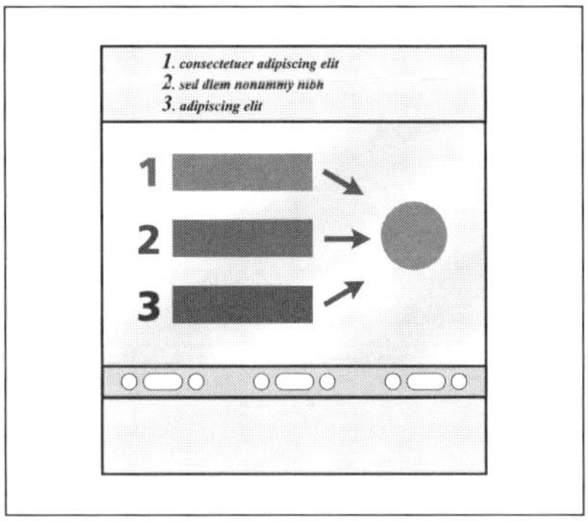

➤ Le guide de l'animateur

Vous vous constituez sur un support un double des visuels que vous présentez, annoté de vos commentaires. Ce type de guide peut être très facilement réalisé si vous avez conçu vos visuels avec Powerpoint. En utilisant la commande « page de commentaire », vous obtenez sur une même page une réduction de votre visuel et une zone de commentaires. Vous trouverez dans le chapitre 14 « le document participant », un exemple d'utilisation de ce principe **[131]**.

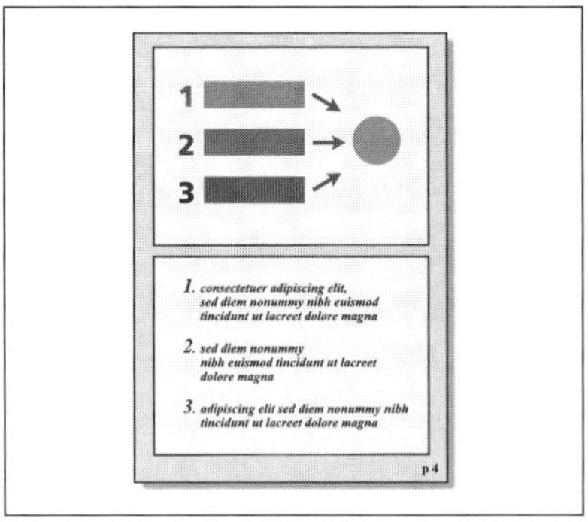

53 Conseils pour bâtir un transparent

Que vous utilisiez un rétroprojecteur ou un vidéoprojecteur couplé à un ordinateur portable, les principes de conception sont identiques. Quel que soit le mode de projection, les transparents (encore appelés *slides*) peuvent être créés sur un même logiciel de Pré-AO tel que Powerpoint.

- Prenez soin de toujours laisser une marge de 2 cm sur les 4 côtés du transparent.
- N'abusez pas des caractères d'imprimerie qui sont vite fatigants à lire en leur préférant les minuscules.
- Numérotez vos transparents.
- Préférez le format à l'italienne (feuille à l'horizontale) au format à la française (feuille verticale), on dispose ainsi de plus de surface utile.
- Si vous faites des photocopies, pensez à vérifier sur l'emballage si les transparents sont conçus pour ; la chaleur risquerait de les faire fondre dans le cas contraire.

Si vous n'avez pas d'ordinateur.

- Lorsque vous écrivez ou dessinez à main levée, glissez une feuille de papier quadrillée sous votre transparent, cela vous aidera à écrire droit et à dessiner des formes régulières.
- Attention ! Il existe 2 types de feutres : certains sont permanents, d'autres effaçables ; ne vous trompez pas.
- Utilisez des protèges transparents, leur utilité est triple :

– ils mettent vos transparents à l'abri des tâches de doigt, de la poussière et des coups de feutres malencontreux.

– les rabats vous servent à noter vos commentaires et évitent au transparent de glisser sur la glace du rétroprojecteur.

– les protèges transparents étant perforés, vous pouvez facilement les ranger dans un classeur.

54 Les pièges à éviter dans l'utilisation du rétroprojecteur

L'animateur commente le transparent sans laisser le temps à l'auditoire de le découvrir.

L'animateur n'a pas numéroté ses transparents [77]. *Il est perdu dans sa présentation.*

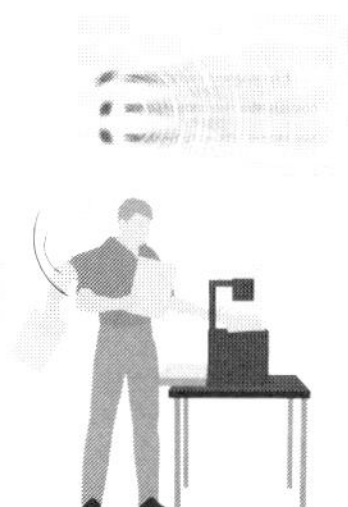

L'animateur enchaîne ses transparents à une cadence infernale. L'auditoire est perdu.

L'animateur masque l'écran. Le visuel n'est pas visible.

L'animateur ne se rend pas compte que son transparent a glissé.

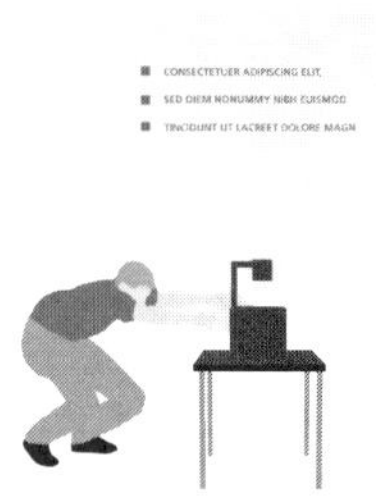

L'animateur se contorsionne pour ne pas couper le faisceau du rétroprojecteur. Les participants sont distraits et l'animateur est mal à l'aise.

L'animateur tourne le dos à son auditoire et s'adresse à l'écran. Il se coupe de son auditoire dont il ne peut voir les réactions.

L'animateur va à l'écran pour pointer le visuel. Il est ébloui par le faisceau lumineux.

L'animateur laisse le rétroprojecteur allumé alors qu'il ne l'utilise pas, ce qui gêne les participants (bruit, lumière, chaleur).

55 *Les pièges à éviter dans l'utilisation du paper-board*

L'animateur parle et écrit en tournant le dos à l'auditoire (parlez toujours face à votre groupe).

L'animateur ne retrouve pas ses feuilles **[76].**

L'animateur n'a plus de feuilles (anticipez avec un rouleau de réserve).

56 *Le vidéoprojecteur*

Lorsqu'on fait le point sur le rétroprojecteur, force est de constater qu'il ne soutient pas la comparaison avec le vidéoprojecteur. Ce dernier projette en effet une image de meilleure qualité, son encombrement est réduit et ne gêne ni l'animateur ni les participants, il offre par ailleurs des possibilités d'animation :

- affichage progressif d'un transparent ;
- possibilités de projeter des photos ou des vidéos ;
- couplage éventuel avec du son ou de la musique ;
- affichage dynamique des vues ;
- facilité de pointage sur l'écran grâce à la souris ;
- correction d'un transparent en direct sans avoir besoin d'imprimer.

Pourtant, dans l'état actuel de la technologie, le rétroprojecteur n'est pas prêt de disparaître. Le vidéoprojecteur, s'il est compact, demeure encore lourd et surtout très coûteux. Par ailleurs, il oblige à se déplacer avec un portable avec tous les inconvénients liés à l'informatique : fichier illisibles, interfaces non compatibles, plantages, problèmes de mise à jour... Utiliser un vidéo-projecteur, sauf dans un environnement matériel et logiciel connu et maîtrisé, présente encore des risques aléatoires. Dès qu'il n'est plus utilisé comme une simple visionneuse sophistiquée, il requiert une équipe technique ce qui alourdit la logistique et accroît les frais d'une intervention. Autant de facteurs qui éloignent l'animateur de sa mission : animer.

Quels que soit ses inconvénients, le rétroprojecteur a au moins le mérite de pouvoir être facilement utilisable par tous. Les principes de conception des visuels demeurent les mêmes qu'il s'agisse de vidéo ou de rétroprojecteur.

57 *Conseils pratiques*

- Si vous êtes soumis à un fort trac, utilisez un visuel pour démarrer ce qui détournera le regard de l'auditoire de vous vers le visuel.
- Écrivez horizontalement de gauche à droite plutôt que verticalement.
- Préférez les minuscules aux caractères d'imprimerie : elles sont plus reposantes à lire.
- Limitez l'usage de la couleur : vous êtes animateur, pas coloriste.
- Lors d'un exposé, constituez vous un « back-up » de transparents : c'est-à-dire une réserve pour développer ou présenter tel ou tel point en fonction des réactions de votre public.
- Si vous utilisez un logiciel, n'abusez pas des clip-art.
- Si vous utilisez un vidéoprojecteur, ayez toujours un jeu de transparents de secours pour pallier une défaillance technique.
- Lorsque vous présentez un schéma complexe, prenez le temps de l'expliquer avant de le commenter. « *En bleu, sont représentées les..., en abscisse figure le...* ».

Ce qu'il faut retenir

- Simplifiez au maximum vos visuels.
- Alternez visuels de communication et visuels de contenu.
- Testez toujours vos visuels avant utilisation.
- Commenter n'est pas lire : votre commentaire doit apporter un plus.
- Ne parlez pas à vos visuels mais à votre auditoire.

CHAPITRE 8

LA PRÉPARATION PSYCHOLOGIQUE

On n'est jamais à l'abri d'un succès.

58 *Pourquoi une préparation psychologique ?*

Tous les animateurs connaissent la fatigue qui vous tombe dessus à la fin d'une animation : lessivé ! La tension nerveuse accumulée est d'autant plus forte qu'elle a commencé en général avant l'animation : c'est le phénomène bien connu du trac. Aussi est-il important que vous vous prépariez à affronter cette tension. Il serait toutefois réducteur à mon sens de ramener la préparation psychologique à une simple lutte anti-trac. Car en ce cas, qu'est-ce qui différencierait un animateur d'un conférencier, d'un artiste montant sur scène ou d'une personne prenant la parole en public pour la première fois ?

Animer, c'est être confronté en permanence aux autres, à leurs réactions, à leur façon de penser et d'agir.

Dans ces conditions, comment ne pas s'interroger tôt ou tard sur son propre mode de fonctionnement ? Si l'animateur veut réellement progresser dans sa manière d'être, peut-il échapper à la quête de soi qu'on appelle le développement personnel ?

Être « prêt psychologiquement » signifie 4 choses pour l'animateur :

– maîtriser son trac ;
– maintenir son « fighting spirit » ;
– établir une relation saine avec son auditoire ;
– développer son empathie.

59 *Maîtriser son trac : ses manifestations*

Qu'est-ce que le trac ? C'est une peur ou angoisse irraisonnée, éprouvée avant de paraître en public ou de subir une épreuve. Comment se manifeste-t-il ?

Le trac étant un mécanisme psychologique, il existe autant de formes de trac que d'individus. Quelles que soient ses manifestations, elles présentent la caractéristique commune d'être désagréables pour celui ou celle qui en subit l'effet. Les plus courantes sont :

– rougeurs ;
– gorge et estomac noués ;
– mains moites ;
– emballement du rythme cardiaque ;

.../...

– tremblement des membres ;
– colique ;
– sueurs froides…

À cela s'ajoute généralement une sensation de « vide intellectuel » : on perd le fil de ses pensées, on ne sait plus ce que l'on voulait dire, tout s'embrouille dans la tête. Le cerveau s'emballe, le corps ne répond plus. Le trac constitue donc un stress qui dans ses manifestations les plus intenses peut se comparer à un état de choc, de perte de contact avec la réalité : l'individu n'est plus lui-même.

60 *Maîtriser son trac : les facteurs qui le favorisent*

C'est affronter le regard de l'autre qui génère le trac. Le trac serait alors la peur, souvent inconsciente, du jugement de l'autre. L'expérience montre qu'il existe 4 facteurs qui renforcent le trac :

- la taille du groupe : les grands auditoires sont en général plus anxiogènes que les petits comités.
- l'existence d'un enjeu : le trac est souvent proportionnel à l'enjeu. Présenter le résultat de 2 ans de travail en comité de direction est normalement plus stressant que d'acheter sa baguette à la boulangerie du coin.
- un public inconnu : la tension est accrue lorsque le public est perçu - à tort ou à raison - comme hostile. Lors d'une action de formation comprenant plusieurs sessions avec le même groupe, il est rare que l'animateur et les participants aient le trac à la deuxième session.
- une insuffisante maîtrise du sujet : plus un animateur maîtrise son sujet, plus il se sent en sécurité, parfois bien à tort ! Combien d'excellents spécialistes font de piètres animateurs…

Gardez à l'esprit que le trac étant avant tout un phénomène irrationnel, il peut surgir là où vous l'attendez le moins. À l'inverse, il peut arriver que vous soyez serein alors que vous intervenez face à un auditoire hostile sur un thème à fort enjeu.

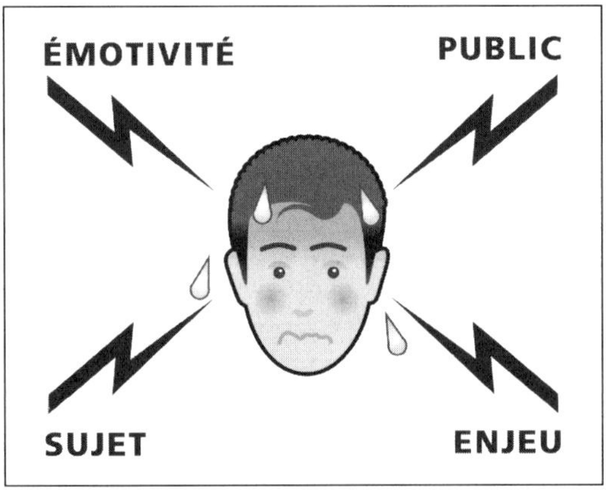

61 *Le trac et l'animateur*

L'animation cumule les facteurs générateurs de trac. Aussi, il n'y a rien d'étonnant à ce que dernier soit un compagnon familier de l'animateur.

Mais si tous les animateurs y sont confrontés, ils ne sont pas égaux devant lui. Le trac subi par un animateur est proportionnel à son émotivité. On peut définir l'émotivité comme étant la capacité à ressentir fréquemment des émotions intenses. C'est ce qu'exprimait La Rochefoucauld en disant que les « maux et les biens de ce monde nous touchent moins par leur grandeur que par notre sensibilité ». Ainsi, plus l'animateur est émotif, plus il sera exposé aux assauts du trac.

Pour se consoler du fait que ce stress ne disparaît pas avec l'expérience, on se dira que la satisfaction que l'on éprouve au succès d'une animation est à la hauteur de la tension initialement ressentie.

Le trac est-il l'ennemi de l'animateur ou autrement dit, constitue-t-il une contre-indication à l'animation ? Non bien sûr, il n'a jamais tué aucun animateur.

Si le désagrément des manifestations physiques du stress est certain, son rôle est très positif. Comme tout stress précédant l'action, il permet à l'animateur de mobiliser toutes ses ressources psychologiques, intellectuelles et physiques. Soumis au trac, l'animateur se jette avec toutes ses forces dans son animation : c'est là bien souvent qu'il est le meilleur. Le trac constitue donc un formidable stimulant. Il constitue un défi à relever pour l'animateur, une victoire à remporter sur lui-même. On l'a vu, s'il est illusoire et même inutile de chercher à le supprimer, il est impératif d'apprendre à le maîtriser. En effet, si d'une part, l'animation est par excellence une activité le générant, les conséquences d'un trac non maîtrisé sur une animation peuvent s'avérer désastreuses.

62 *Apprendre à le cacher*

Le trac devient dangereux pour l'animateur s'il est perceptible pour l'auditoire. Car, de même que la panique de l'infirmière risque de se propager au malade, celle de l'animateur risque de se transmettre à l'auditoire. Rien n'est plus contagieux que la panique.

9 fois sur 10, il existe un décalage énorme entre ce que ressent l'animateur et ce que perçoit son public. En effet, le trac est surtout une projection de soi sur le regard des autres. Tandis que l'animateur ressent très fortement une énorme tension intérieure, l'auditoire lui se centre en priorité sur ce que dit l'animateur sans attacher d'importance à cette tension.

Imaginez qu'un jour, vous portiez des chaussettes trouées : toute la journée vous allez avoir l'impression que tout le monde s'aperçoit que vous portez des chaussettes trouées. En vérité, personne n'en saura jamais rien, sauf si vous leur dites. Il en est de même pour vos émotions : tant que vous ne les montrez pas , elles demeurent invisibles aux yeux de votre entourage. À ce propos, il .../...

convient de ne pas interpréter le non verbal des participants. Si un participant se racle la gorge pendant votre introduction, ce n'est pas parce qu'il émet des doutes sur vos propos mais juste parce qu'il a un chat dans la gorge. De même, si un autre regarde sa montre, ce n'est pas parce qu'il s'ennuie mais parce qu'il veut savoir quelle heure il est.

63 *Techniques pour le maîtriser*

Voici 5 conseils pour maîtriser votre trac.

➤ **Je nomme ma peur: je ne pourrai l'affronter que lorsque je l'aurai identifiée.**

Ne dites pas «*j'ai le trac*», «*je suis tétanisé*» mais dites «*j'ai les mains qui tremblent*», «*mon rythme cardiaque s'accélère*». En décrivant sa manifestation concrète, je la circonscris.

➤ **Je «positive»: l'interdit ne me dit pas ce que je dois faire.**

Plutôt que de penser «*il ne faut pas que je bafouille*», «*il ne faut pas que mes mains tremblent*» pensez plutôt «*parle lentement*», «*pose tes mains à plat sur la table*».

En me concentrant sur ce que je dois faire plutôt que sur ce que je ne dois pas faire, je libère mes forces vers l'action.

➤ **Je prépare soigneusement.**

Écrivez la première et la dernière phrase de votre introduction, rédigez une phrase courte, simple, écrite en majuscules sur un papier que vous aurez sous les yeux (Chapitre 3, le démarrage). N'écrivez que sur le recto. En préparant, j'évacue le risque lié à l'improvisation.

➤ **J'utilise des aides visuelles.**

Cela détourne le regard de l'auditoire qui se concentre sur le visuel au lieu de me regarder.

➤ **Je demeure actif.**

Le trac prospère quand on s'occupe trop de lui. C'est l'action plus que la pensée raisonnante qui vous délivre du trac. Dès que le corps s'anime, la tension nerveuse s'évacue dans le mouvement. Privilégiez la station debout, n'hésitez pas à vous déplacer.

64 Maintenir son « fighting spirit »

Être animateur, c'est se confronter à chaque fois à une part d'inconnu. Animer c'est prendre des risques. On vous a confié une mission. Cette mission, c'est l'atteinte de vos objectifs. C'est vous qui êtes responsable du succès. Assumez cette responsabilité. Pour cela, vous avez besoin de rassembler toute votre combativité. Personne ne saura jamais, à part vous, si vous avez donné le meilleur de vous-même. Ne vous mentez pas à vous-même. Maintenir son fighting spirit, c'est passer un contrat avec soi-même sur 3 points.

➤ Soyez performant

Même - et surtout - dans les conditions de la contre-performance : fatigue, mauvaises conditions matérielles, public difficile...

Cela implique de garder votre dynamisme et votre force de conviction quels que soient la situation et votre degré de forme physique et morale. Ce n'est pas facile. Dans tous les cas de figure, ne lâchez jamais le manche. Il y a un pilote dans l'avion et ce pilote c'est vous et personne d'autre. Et ce quoi qu'il arrive jusqu'à la fin de votre animation, ne l'oubliez jamais.

➤ Remettez en permanence votre animation en question

Ne faites pas comme cet animateur qui se plaignait amèrement du retard des participants lors des pauses. Demandez-vous plutôt comment se fait-il que la perspective de vous retrouver soit à ce point si peu attractive... La salle que vous occupiez était détestable, mais avez-vous tenté d'en changer ? Et si cela n'a pas été possible, avez-vous su tirer au maximum parti de l'espace disponible en l'adaptant à vos besoins... ? L'exercice a moyennement fonctionné, était-ce parce que les participants étaient mous ou parce que vous n'avez pas su en faire ressortir l'intérêt ? Mais, après tout, qu'apporte réellement cet exercice ? Si vous ne vous posez pas ces questions, personne ne le fera à votre place.

➤ Prenez des risques

Faites un test : les animateurs qui se gargarisent de leurs évaluations dithyrambiques sont souvent ceux qui font toujours dans la même entreprise la même chose auprès des mêmes gens. Vous avez l'habitude des petits auditoires, tentez les grands. Tentez de même, après une bonne préparation, d'aborder des sujets qui ne vous sont pas familiers. Ne fuyez pas les publics exigeants : si vous n'avez rien à perdre, ils n'ont rien à gagner. Au lieu d'expliquer pourquoi l'objectif est trop ambitieux, trouvez comment l'atteindre. Ne confondez pas « c'est impossible » avec « cela n'a jamais été fait ».

Qui ose gagne !

65 Développer une relation saine avec son auditoire

On pourrait dire que l'animation est une relation basée à 50 % sur la forme (relationnel) et à 50 % sur le fond (contenu). La qualité de la relation animateur / participants est donc essentielle à la réussite de l'animation.

Or l'animateur bénéficie d'un statut particulier puisqu'il est « l'animateur » ! Ce statut lui confère quelques avantages. En effet, les participants lui reconnaissent tacitement le droit d'organiser la journée, de fixer la durée des pauses, de donner et de prendre la parole et de dire, ce qui dans le cadre du sujet abordé, est « bien » ou « mal ». Ce dernier point est particulièrement vrai dans le cadre d'une formation ou l'animateur personnifie un savoir que les participants sont venus acquérir. Lorsque vous prenez la parole dans votre salle, tous les participants vous écoutent. Prenez la parole dans le métro ou une salle de cinéma, vous verrez clairement apparaître ce qui relève de votre charisme personnel et de votre statut d'animateur !

Si l'animateur a peur de son groupe, cette relation peut vite dégénérer en rapport de force (peur de perdre le pouvoir) ou de séduction (peur de perdre l'amour). Mais la peur de l'autre ne traduit-elle pas en définitive la peur de nous-mêmes (peur d'échouer) ?

Pour établir une relation saine d'animation, l'animateur doit se libérer de la peur de son groupe, ce qui ne peut se faire que progressivement au fur et à mesure qu'il prend confiance en lui. C'est alors seulement qu'il pourra établir une relation saine avec son auditoire en étant en **symétrie affective** et en **dissymétrie cognitive** avec ce dernier.

Être en **symétrie affective** signifie que l'animateur a autant besoin de la reconnaissance des participants que les participants ont besoin de la reconnaissance de l'animateur. En tant qu'individu, l'animateur est l'égal de son groupe. Son avis en tant qu'individu n'a ni plus ni moins de poids que celui de n'importe quel participant. Un animateur qui a besoin, à tout prix, d'être aimé par son groupe, n'entretient pas avec ce dernier une relation saine. Il se préoccupe plus de séduire son groupe que d'atteindre son objectif. Considérer qu'il y a des « gentils » participants et des « méchants » participants est faire preuve d'immaturité. Bien sûr, si le courant passe entre le groupe et l'animateur, les échanges ne peuvent que s'en trouver facilités mais l'animateur ne doit pas être en dépendance affective. En conséquence, l'animateur doit savoir parfois aller contre son groupe et témoigner ainsi de son existence.

Être en **dissymétrie cognitive** signifie que si en tant qu'individu, il est l'égal des participants, ce n'est pas le cas en tant qu'animateur. Ne pas être l'égal ne signifie pas être supérieur. Le statut d'animateur ne confère aucune « supériorité » mais signifie que ce dernier est à part et qu'il a un rôle spécifique à jouer. Il en sait en effet plus que les participants sur le fond (connaissance du sujet) et/ou sur la forme (capacité d'animation). Il n'a donc par conséquent rien à craindre des participants auxquels il n'a rien à prouver. Ce serait une erreur que de

.../...

vouloir imposer son point de vue à un participant ou de rejeter systématiquement toute objection. Abuser du statut d'animateur pour engager un rapport de force (« je vais te prouver que je suis meilleur que toi ») et cantonner la relation à un échange à sens unique maître / élève constitue assurément un comportement incompatible avec les principes de l'animation (sur le rapport maître/élève [**98**]).

66 *Développer son empathie*

L'empathie est la faculté de comprendre les réactions et le point de vue de l'autre [**244**].

Pourquoi l'empathie constitue-t-elle une qualité essentielle de l'animateur ?

L'animation consiste à faire atteindre au groupe l'objectif assigné. Plus l'animateur comprendra et anticipera les réactions de son groupe, plus il sera facile et rapide d'atteindre l'objectif. L'empathie pour l'animateur, c'est adopter le regard du participant :

– pour le démarrage : anticiper l'état d'esprit des participants
– pour les visuels : éduquer son œil à voir non pas avec le regard du concepteur mais avec celui du spectateur
– pour le traitement des objections : comprendre les réticences exprimées
– pour la construction de la trame : imaginer l'état d'esprit des participants à tel instant du déroulé de l'animation
– pour les supports participants : faire le livre de l'élève et non celui du maître
– pour la rédaction d'une question pour un recueil : comment comprendront-ils la question ?
– pour la conclusion : quels sont les points à mémoriser ?
– etc.

67 *Conseils pratiques*

- Utilisez un visuel pour démarrer : le regard de l'auditoire se détournera de vous pour se porter sur le visuel.
- Appuyez vous d'unc main au paper-board lors du démarrage, cela vous donnera un point d'appui.
- Lisez votre première phrase ou apprenez-la par cœur.
- Si vous avez été en difficulté, ne ressassez pas cette mauvaise expérience mais parlez-en à froid avec des personnes en qui vous avez confiance.
- Pour débuter, la coanimation peut vous aider à acquérir de la confiance en vous.

Ce qu'il faut retenir

- Le trac est une manifestation naturelle qui disparaît rapidement dans l'action.
- Vouloir supprimer le trac est utopique, il faut seulement apprendre à le cacher.
- Pour établir une relation saine avec votre auditoire, vous devez vous défaire de la peur qu'il vous inspire.

Chapitre 9

La préparation matérielle

« La sueur épargne le sang. »
Vauban

68 *Les questions matérielles*

Les aspects matériels sont, hélas il faut bien le reconnaître, source de soucis 9 fois sur 10 pour l'animateur. Ces soucis sont d'autant plus difficiles à supporter pour vous, qu'ils sont d'une part largement prévisibles alors que vous n'en avez que rarement la maîtrise et que c'est toujours vous qui en pâtissez.

Pour les questions matérielles, en tant qu'animateur, vous devez en effet vous en remettre à des personnes qui ignorent la plupart du temps les contraintes de l'animation : transporteurs, réceptionnistes, loueurs de matériel vidéo, secrétaires de direction...

À l'inverse, il faut reconnaître que l'animateur n'est pas toujours un interlocuteur facile : exigeant et impatient, il a tendance à se comporter comme si on n'avait que lui à servir. Il faut cependant comprendre que ces exigences, loin de constituer des caprices, sont des signes de son professionnalisme. S'il demande une grande poubelle, c'est qu'il sait que 3 feuilles de paper-board la rempliraient. S'il réclame un micro de table, c'est pour éviter que les jeux de rôle soient inaudibles. S'il demande que la salle soit ouverte 1 heure avant, c'est pour être disponible pour ses participants à l'heure h, etc.

Il est donc essentiel pour vous de préparer la logistique de votre animation en étroite collaboration avec la personne en charge de ces aspects... S'il en existe une !

Gardez à l'esprit que plus vous serez précis et que vous vous y serez pris à l'avance, plus vous aurez de chances de voir vos demandes exaucées.

69 *Ne subissez pas l'espace mais adaptez-le à vos besoins*

① Retirez les nappes

Le déplacement des tables lors des exercices est facilité (travaux en sous-groupes, jeu de rôle...).

② Récupérez tout l'espace perdu au fond de la salle

Vous gagnez en liberté de mouvement.

.../...

③ Regroupez les chevalets sur le coin de table situé près de l'entrée de la salle

À son arrivée, chaque participant prend un chevalet, gagne sa place et écrit son nom dessus grâce aux marqueurs que vous avez disposés sur les tables. Le marqueur, contrairement au stylo, est lisible à distance. Un coin du « U » est neutralisé. Les participants sont actifs dès leur entrée dans la salle.

④ Retirez les tables qui ferment le carré et disposez les autres en «U»

L'animateur peut maintenant ajuster la distance qui le sépare de ses participants en « rentrant dans le cercle ».

⑤ Placez le rétro-projecteur sur une table roulante spéciale pour rétro-projecteur

Vous pouvez facilement déplacer le rétroprojecteur / il ne vous encombre pas et ne masque pas la vue aux participants lorsque vous n'en avez pas l'usage.

⑥ Installez un paper-board supplémentaire

Sur le premier, regroupez les feuilles que vous avez préparées à l'avance (le TOAST notamment), réservez le second pour la prise de notes à la volée ou pour le mettre à disposition des participants lors des exercices.

Vous pouvez écrire en même temps que les participants / la surface d'écriture est doublée.

⑦ Sur les 2 tables qui obstruaient le carré, sortez-en une de la salle pour gagner de la place et conservez l'autre pour vous en faire un « cagibi »

Vous disposez d'un endroit rangé et à portée de main pour y entreposer votre matériel : liste d'émargement, documents à distribuer, trousse de secours [77]...

⑧ Installez une poubelle de grande taille

Votre salle est toujours propre, une simple feuille de paper-board froissée suffit en effet à remplir une corbeille normale.

⑨ « Neutralisez » les deux extrémités du « U » pour que les participants ne les occupent pas

Vous disposez à tout moment d'un coin de table accessible d'un simple regard, pour poser votre trame et le classeur contenant vos transparents. Tous les participants sont dans votre champ de vision. Les participants situés aux extrémités du « U », se trouvant ainsi « à distance de sécurité » de l'animateur sont moins tentés de faire des apartés avec vous.

⑩ Installez une penderie

Il est plus facile de déplacer les chaises lorsqu'elles sont libres de vêtements (lors des travaux en sous-groupes par ex.).

NB : *si vous avez prévu des jeux de rôle, prévoyez une table et des chaises supplémentaires à cet effet.*

.../...

Salle préparée par l'hôtel

Salle préparée par l'animateur

70 Exemples de disposition de salle

Gardez à l'esprit que la disposition de la salle n'est pas un concours de créativité. Il s'agit simplement d'adopter la disposition la plus favorable compte tenu des contraintes existantes. La disposition idéale permet aux participants de vous voir et réciproquement, aux participants de se voir entre eux et à tout le monde de se déplacer librement. Dans les faits, ces conditions sont rarement toutes réunies.

Pour pouvoir aménager votre salle, arrivez impérativement **avant** vos participants. Si l'un d'eux arrive en avance, n'hésitez pas à le solliciter pour vous aider dans vos manutentions.

Ⓐ « salle de cours »

Cette disposition est adaptée lors des formations techniques : informatique, mécanique, biologie... Qui nécessitent de fréquents exercices à l'aide de matériel spécifique.

Ⓑ « music hall »

Favorise les échanges et travaux en sous-groupes. Particulièrement adaptée pour des dynamiques de groupe basées sur la concurrence d'équipes ou des ateliers thématiques. On peut aussi envisager des tournantes avec un animateur à chaque table. Cette configuration requiert de grandes salles.

Ⓒ « chevaliers de la table ronde »

Convivial pour les dîners débats avec un invité. L'animateur évite de présider et laisse la vedette à l'invité. Convient aussi aux échanges d'expériences en petit groupe.

Ⓓ « arène »

Les tables sont repoussées pour un jeu de rôle. L'animateur se tient près de la caméra. Les 2 protagonistes sont filmés sous les regards des participants qui observent la scène. Si l'animateur fait souvent se déplacer les participants (vote, exercices de présentation...), cette configuration facilite les mouvements.

Ⓔ « fer à cheval »

Ma disposition préférée pour les petits groupes : chacun se voit.

Ⓕ « Thermopyles »

Variante de la disposition classique dite en « U ». Cette disposition non conformiste favorise les échanges rapides et spontanés en enlevant le « rempart » psychologique de la table entre l'animateur et ses participants. Elle se prête particulièrement aux ateliers cartes réponses. Cette disposition tient son nom de la célèbre bataille ou Léonidas roi de Sparte ordonna à ses troupes de combattre, non pas derrière, mais devant le mur de pierre élevé pour freiner la progression des Perses.

Ⓖ « en U »

Il s'agit ici d'un élargissement du « U » traditionnel qui permet d'améliorer le champ de vision des participants notamment lors de rétroprojection.

.../...

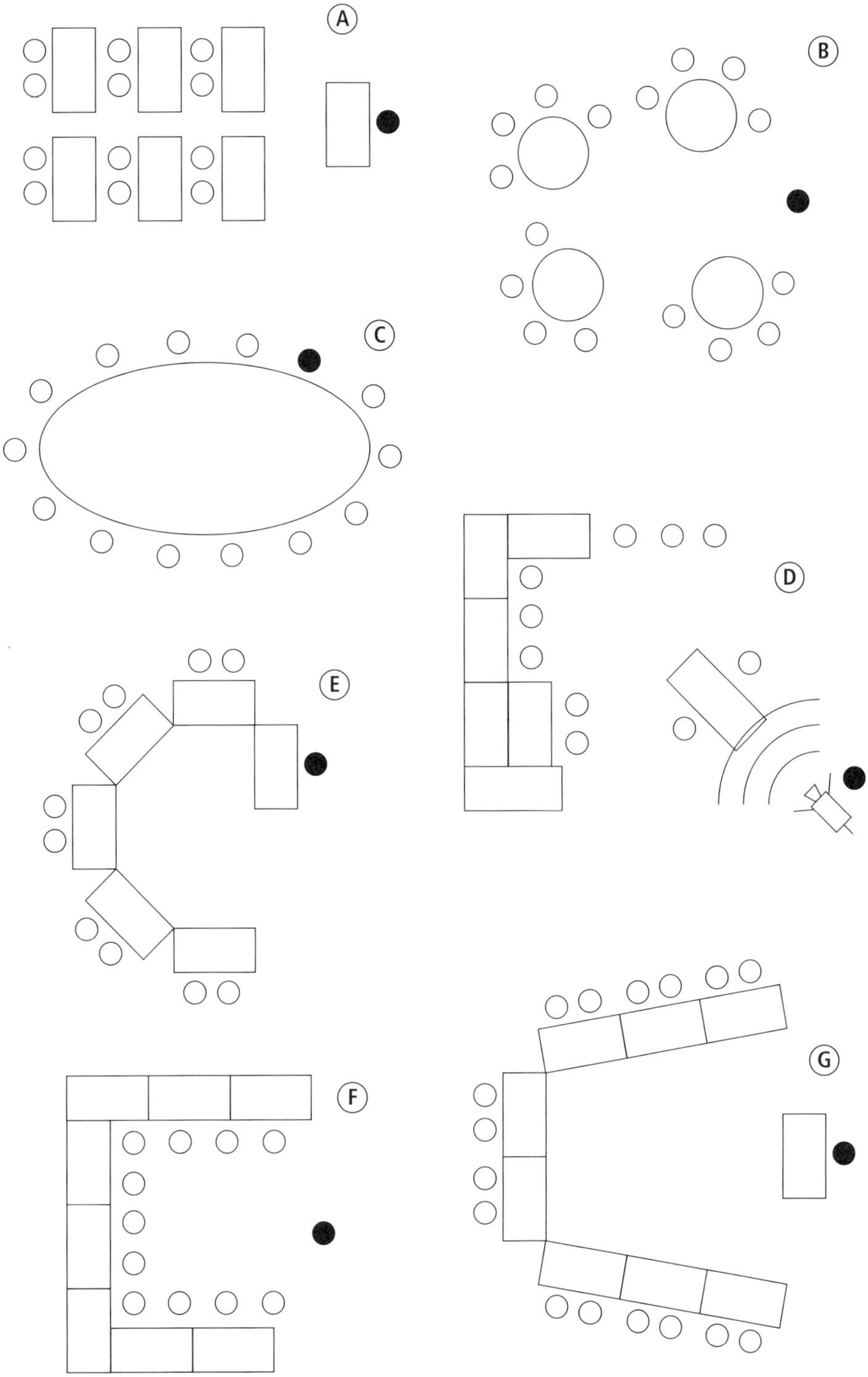
A
B
C
D
E
F
G

71 *Hôtel et hôtel*

Il est très courant que les animations se déroulent dans des hôtels. Cette formule présente en effet de nombreux avantages.

- L'entreprise se trouve dégagée de la logistique.
- Les repas (et l'hébergement s'il y a lieu : on parle alors de séminaire « en Résidentiel ») sont assurés sur place.
- C'est l'occasion de mettre les participants (et l'animateur !) au vert.
- Si le lieu est judicieusement choisi, l'accès est facilité pour les participants venant de province ou de l'étranger.

Lorsque l'on parle d'hôtel, il convient néanmoins d'opérer une distinction entre les grandes chaînes et les indépendants. Avec les grandes chaînes, on sait à quoi s'en tenir et globalement, bien qu'il existe de fortes disparités d'un établissement à l'autre, la prestation est souvent correcte, parfois excellente. Quant aux autres, s'ils ne sont pas spécialisés dans les séminaires mieux vaut les proscrire. Ils sont en effet souvent incompétents et parfois malhonnêtes, lorsqu'ils ne réunissent pas les 2 qualités. Mais à vrai dire, ce ne sont pas les hôteliers qui sont à blâmer mais les entreprises qui acceptent de confier leurs employés à de si mauvais prestataires.

72 *Pas de problème !*

Il était une fois un animateur qui préférait toujours arriver la veille sur place lorsqu'il animait loin de chez lui afin de se prémunir contre tout retard d'avion.

Il avait pris soin de s'assurer que tout était en règle avec la secrétaire de son client. « oui, oui, pas de problème ». Il avait pris soin de réserver une chambre - au calme - avait-il précisé à l'hôtelier.

Le soir en question, il dut attendre un quart d'heure suspendu à la sonnette qu'on veuille bien lui ouvrir car il était le seul client de l'hôtel. Il ne se laissa pas impressionner ni par l'œil revêche de la patronne ni par les aboiements du chien méchant et demanda à voir la salle de formation. En fait de salle, il s'agissait de la salle à manger coupée en deux par un rideau de plastique ne fermant pas. Lorsqu'il demanda où était le paper-board, il fallut réveiller le patron. Ce dernier, pas plus que sa moitié, n'avait jamais entendu parler de cet objet mystérieux, réclamé par l'extraterrestre avec tant d'insistance, et l'animateur de s'apercevoir que de vidéo (« pas de problème »), il n'y avait guère plus de trace que de paper-board. Nouveau conciliabule des tenanciers qui devaient bien se demander qui était cette personne pour faire tant d'histoire (un tableau pour écrire, avec des feuilles qu'y voulait le monsieur !).

Devant l'insistance du monsieur, ils décident d'emprunter le lendemain « la caméra à Jean-Luc, y doit avoir ça Jean-Luc ». Philosophe, l'animateur se dit qu'après une bonne nuit il aura retrouvé sa sérénité. Il demande à quelle heure sont servis les petits déjeuners : on lui répond que l'« on ne sert pas de petit déjeuner ici ».

En fait de nuit calme, les camions roulant sur la nationale ébranlent son lit tous les quarts d'heure.

Le lendemain, miracle ! Le camescope est là. Jean-Luc est un chic type, dommage que Jean-Luc ait perdu le cordon d'alimentation. Le client, appelé d'urgence, fait envoyer un paper. Hélas dès 10 h 00 les paroles de l'animateur sont couvertes par les cris en cuisine puis par le bruit des convives qui partagent la salle à manger à partir de 12 h 00.

Lorsque le lendemain, notre animateur suggère à son client de changer à l'avenir de lieu de séminaire, celui-ci lui répond étonné :

« Pourquoi ? C'est près de la Direction Générale et on mange bien ici ! »

73 *Quelques grands classiques*

- La personne chargée de vous ouvrir n'est pas là : lorsque vous vous présentez une heure à l'avance comme convenu, vous trouvez porte close.
- Votre client a oublié de vous réserver une chambre.
- Le matériel que vous avez envoyé la veille est introuvable.
- Le matériel vidéo ne fonctionne pas.
- Les marqueurs fournis par l'hôtel sont usés.
- Les horaires de repas ne sont pas respectés par le restaurant, l'attente entre les plats est interminable.
- La femme de ménage a jeté les papiers que vous avez laissés la veille dans la salle.
- Les horaires figurant sur la convocation des participants ne sont pas les mêmes que ceux qui vous ont été communiqués.
- Les participants sont furieux, ils ont reçu leur convocation la veille.
- Les participants et l'animateur n'ont pas reçu les messages urgents qui leur ont été adressés.
- La chambre au calme que vous avez demandée jouxte le local qui renferme la machinerie de l'ascenseur ou la chambre d'un groupe folklorique étranger.
- On ne peut pas régler la climatisation de la salle qui est centralisée : tout le monde transpire ou grelotte.
- La collation prévue à la pause a disparu. Je me souviens d'une animation où avec mon groupe nous nous étions régalés d'une pause fort copieuse. Par ailleurs, l'œil mauvais avec lequel nous dévisageaient les participants du séminaire d'à côté nous intriguait. Nous avions mangé, sans nous en rendre compte, leur pause en sus de la nôtre !

.../...

- Vous vous faites enfermer dans votre salle par le personnel de l'hôtel (laissez toujours la porte ouverte pour éviter pareille mésaventure) alors que, tard le soir, vous ajustez votre trame pour le lendemain.
- Vous ne pouvez pas aménager votre salle en déplaçant les tables car ces dernières sont reliées entre elles par des écrous.
- La réception a oublié le taxi d'un participant.
- L'animateur a perdu la liste d'émargement quand il n'a pas oublié de la faire signer !

74 À quoi reconnaît-on le véritable paper-board ?

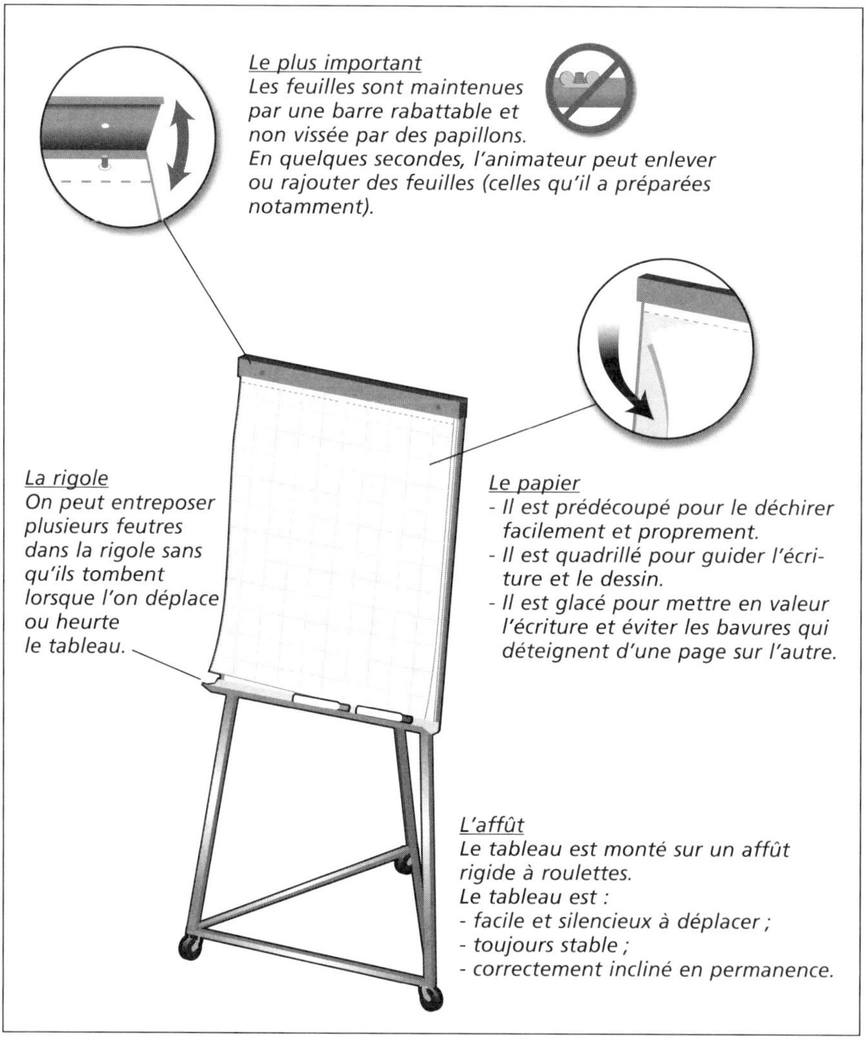

75 L'écriture magique

Avez-vous déjà remarqué avec quelle surprenante facilité, l'animateur donne le résultat de savants calculs ou cite un chiffre permanent juste à propos ? Quelle mémoire extraordinaire !
L'écriture magique consiste à noter finement au paper, quelques commentaires, à hauteur du regard, à l'aide d'un crayon à papier. Le texte ne sera visible qu'à un mètre de distance, uniquement visible par l'animateur et invisible aux yeux des participants.

Ce que voient les participants

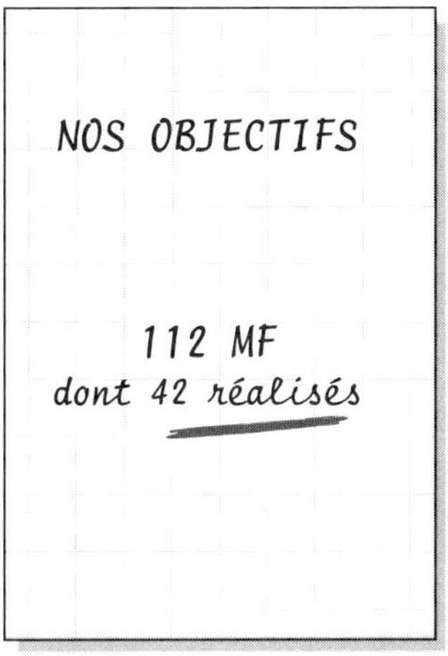

Ce que voit l'animateur

76 Le repérage des feuilles

Avez-vous déjà observé un animateur compulsant son paper-board à la recherche d'une feuille ?
Quel fâcheux temps mort et quel moment désagréable pour l'animateur s'il s'agit d'une feuille essentielle !
Pour se prémunir contre ce genre de désagrément inévitable, si vous n'êtes pas le seul à écrire sur le tableau (participant ou autre animateur), marquez vos feuilles.
Pour ce faire, vous pouvez utiliser des mini post-it si vous avez de nombreuses feuilles à identifier. Si vous n'avez besoin d'identifier qu'une ou deux feuilles, vous pouvez utiliser des trombones. Un simple geste de la main courant le long des feuilles vous permettra de trouver votre feuille sans quitter des yeux votre auditoire.

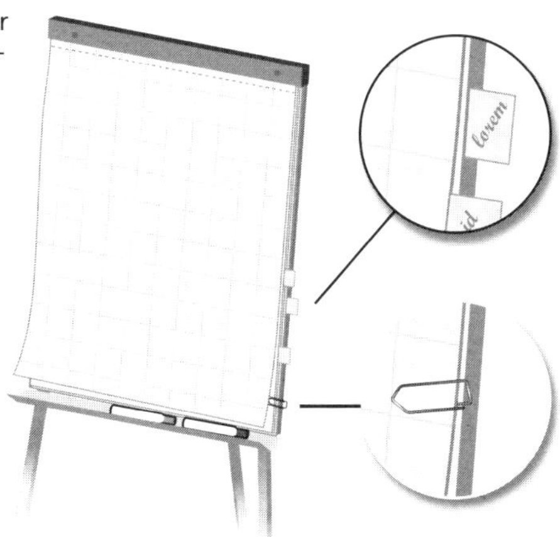

77 Le protège transparent

Par sécurité, numérotez de manière très lisible vos transparents sur le rabat pour vous repérer d'un simple coup d'œil.

Rangez soigneusement vos transparents dans un classeur.

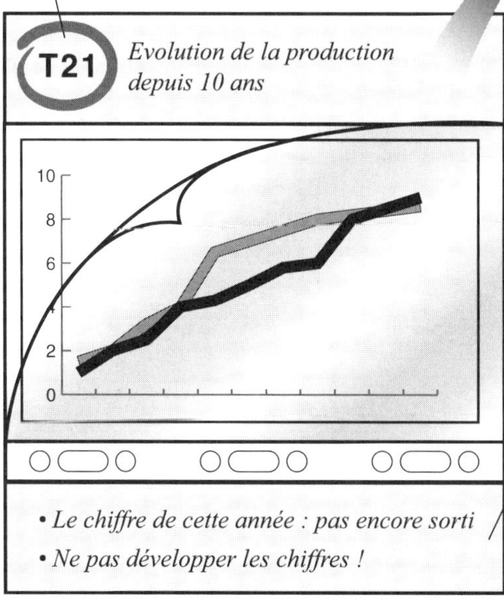

Sur le rabat, vous pouvez marquer vos commentaires (en gros pour être lisibles debout). Ici les commentaires portent tant sur le fond (information sur le visuel) que sur la forme (animation).

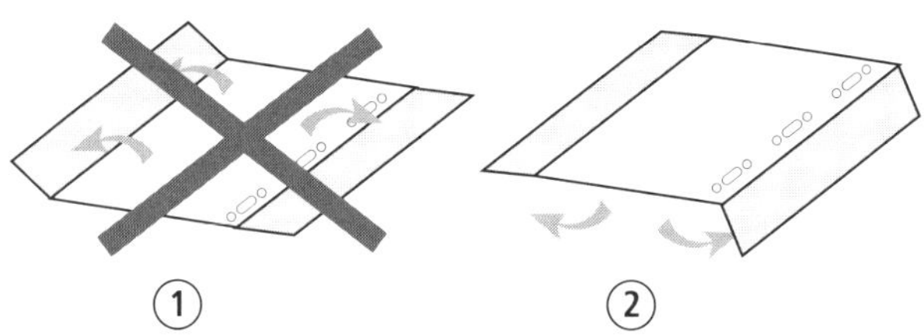

① ②

(!) *Placez toujours le transparent dans son étui de telle manière que lorsque vous le posez sur le rétroprojecteur, vous ayez à soulever les rabats (2) et non à les rabattre (1). Ainsi, vous serez sûr que le transparent ne sera pas masqué par un rabat qui viendrait se replier sur sa position initiale.*

78 La trousse de secours de l'animateur

- Afin de vous prémunir contre des désagréments prévisibles, pensez à vous munir d'une trousse de secours contenant : marqueurs de couleur avec pointe biseautée (pour pouvoir faire des pleins et des déliés).
- Scotch de peintre (facilement repositionnable) pour afficher les feuilles détachées du paper-board.
- Prise multiple et rallonge électrique pour les appareils : caméscope, téléviseur, rétro ou vidéoprojecteur, ordinateur portable.
- Crayon à papier pour l'écriture magique **[75]**.
- Trombones et post-it pour repérer vos feuilles sur le paper-board **[76]**.
- Cassettes vidéo de secours (format VHS, vidéo 8 et VHS-C) pour les jeux de rôle.

79 Conseils pratiques

- Numérotez et rangez vos transparents dans un classeur.
- Utilisez de préférence des feuilles quadrillées pour écrire au paper, il est plus facile d'écrire régulièrement et de tracer des schémas.
- Pour des réunions sans paper-board, vous pouvez utiliser des post-it géants conçus à cet effet.
- Insistez auprès de l'hôtel pour avoir la clef de votre salle, cela vous laissera toute liberté de mouvement.
- Pour activer le repas, demandez au restaurant que les entrées froides soient déjà servies sur les tables à votre arrivée et que le café soit apporté avec le dessert.
- Demandez aux participants d'écrire leur nom au marqueur sur les chevalets : un nom écrit au stylo est illisible à distance.
- Apportez vos propres marqueurs, ceux des hôtels sont en général à pointe fine. Seule une pointe biseautée permet de bien écrire.
- Lorsque vous utilisez l'écriture magique, écrivez à hauteur de regard pour faciliter la lecture.
- Si vous utilisez un tableau blanc, soyez vigilant à ne pas utiliser de feutres indélébiles.
- Lorsque vous utilisez des feutres pour transparents, attention à ne pas vous salir si vous utilisez des feutres effaçables.
- Pour écrire droit sur transparent, glissez une feuille de papier quadrillé sous votre transparent.

Ce qu'il faut retenir

- Arrivez toujours à l'avance dans votre salle.
- Ne subissez pas l'espace mais adaptez-le à vos besoins.
- Testez toujours le matériel.

CHAPITRE 10

PRINCIPES PÉDAGOGIQUES

« Je ne me souviens pas de ce que l'on m'a enseigné mais de ce que j'ai appris. »
Montaigne

80 *Qui aime jouer aime gagner*

Il faut savoir s'amuser ! Les animations réussies comprennent toujours des instants de détente.

Le rire est utile à l'animation :

– Il constitue une pause pour l'esprit. La concentration ne peut pas être constante.
– Il permet de dédramatiser les situations où les participants se remettent en cause ou sont remis en cause (par exemple lors d'un jeu de rôle).
– C'est un défoulement qui permet de tirer de sa torpeur le participant assoupi et donc de relancer son intérêt.
– Enfin, l'humour favorise la convivialité et la cohésion du groupe.

À défaut de les créer, sachez exploiter les instants ludiques : on apprend mieux en s'amusant, non ?

81 *Utiliser des analogies*

ex. 1 : Une particule contaminante de 0,3 micron rend une puce électronique inopérante. Autrement dit, si la puce était l'équivalent d'un terrain de football, la présence d'une seule fourmi empêcherait le bon déroulement du jeu.

ex. 2 : Si l'histoire de la terre était ramenée à une année, l'Homme n'apparaîtrait que le 31 décembre.

L'analogie pour être efficace doit se rapporter à un objet, une durée ou un concept familier : comme ici le sport ou une année.

82 *Attacher autant d'importance à la pédagogie qu'au contenu*

Imaginez que vous êtes le héros d'un film catastrophe. Vous voilà aux commandes d'un boeing 747 qu'il va falloir faire atterrir : votre vie ainsi que celle de 400 passagers est entre vos mains.

.../...

Tout va pour le mieux ! La ravissante hôtesse, pour qui il y a encore quelques instants vous n'étiez qu'une carte d'embarquement anonyme, vous tient à présent compagnie pour un tête à tête dans le cockpit. Seul inconvénient à la situation, vous n'avez jamais touché un manche à balai de votre vie. Vous avez une heure pour apprendre à piloter grace aux conseils d'un instructeur qui va vous guider à partir de la tour de contrôle.

Maintenant, imaginons que vous ayez le choix entre deux instructeurs : le premier est le meilleur pilote de 747 du monde, le second est le meilleur instructeur de pilote de 747 du monde. Lequel choisissez-vous ?

Le second ? Choix judicieux ! En effet peu vous importe les compétences de votre instructeur, ce qui compte c'est que dans une heure, il vous ait rendu capable de poser l'avion.

Toute proportion gardée, toute situation de formation est comparable à celle-ci. **Ce qui compte, ce n'est pas ce que le formateur sait mais ce qu'il est capable de transmettre à son élève.**

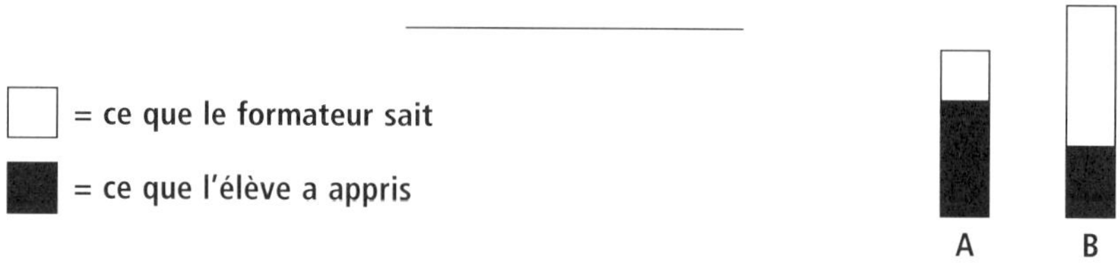

Bien que B soit plus savant que A, A est meilleur formateur que B car en définitive, l'élève a plus appris avec A qu'avec B.

En vertu de ce principe, il importe d'attacher autant d'importance à la pédagogie (le comment) qu'au contenu (le quoi).

Combien d'excellents professionnels font de piètres professeurs ! La pédagogie, c'est avant tout faire l'effort de s'adapter à l'autre. L'expérience prouve que bien peu de personnes sont désireuses d'en faire l'effort... Alors bouclez bien votre ceinture et bonne chance !

83 *Jouer l'alternance pour donner du rythme*

- Alterner écoute (débat, questions, témoignages, attentes...) et existence (apports, debriefing d'exercices, synthèses…). (Chapitre 2 pour la définition de ces deux notions fondamentales).
- Alterner visuels de contenu et visuels de communication (Chapitre 7).
- Alterner apports et exercices.
- Changer de ton ou de registre : sérieux/humoristique, affirmatif /interrogatif, consensuel/provocateur, intimiste/déclamatoire, abstrait/concret.
- Jouer de votre voix en modulant son volume, son débit et son ton.

84 Suivre une progression en la matérialisant

Une des choses les plus néfastes lors d'une formation, c'est l'absence de progression vers l'objectif final : les séquences s'enchaînent sans lien entre elles.

Il importe donc avant tout d'annoncer l'objectif de la séquence : encore faut-il en avoir un ! Il convient ensuite de matérialiser la progression pédagogique à l'aide d'une « règle de trois » :

– dire qu'on va le faire : annoncer la séquence ;
– le faire : dérouler la séquence ;
– dire qu'on l'a fait : résumer la séquence.

À ce titre, il convient de soigner particulièrement les transitions : l'animateur n'a pas droit aux formulations maladroites.

La matérialisation de la progression se fera d'autant plus facilement que le formateur laissera affiché son plan et qu'il cochera les séquences au fur et à mesure de la progression.

Si la formation dure plusieurs jours, il est utile, en début et en fin de journée, de faire un point rapide sur ce qui a été vu et ce qu'il reste à voir.

85 Favoriser la participation

Il est plus facile de s'approprier ce que l'on fait plutôt que ce que l'on voit ou entend. Favorisez donc au maximum la participation :

– débat
– exercices de découverte ou d'application
– étude de cas
– jeux de rôle
– travaux en sous-groupes
– …

86 S'adapter à la courbe de l'attention

Bien que ceci n'ait rien de scientifique, on observe en général que l'attention des participants varie sur un cycle d'une cinquantaine de minutes environ.

Le retour du repas de midi est naturellement une phase d'assoupissement. Penser à placer un exercice qui rende les participants actifs pour lutter contre la torpeur de la digestion.

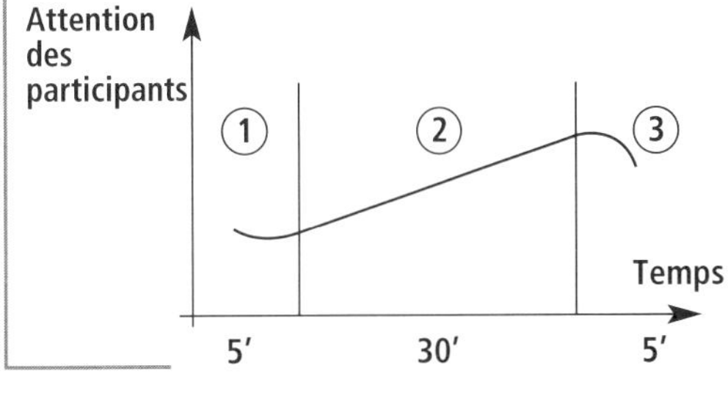

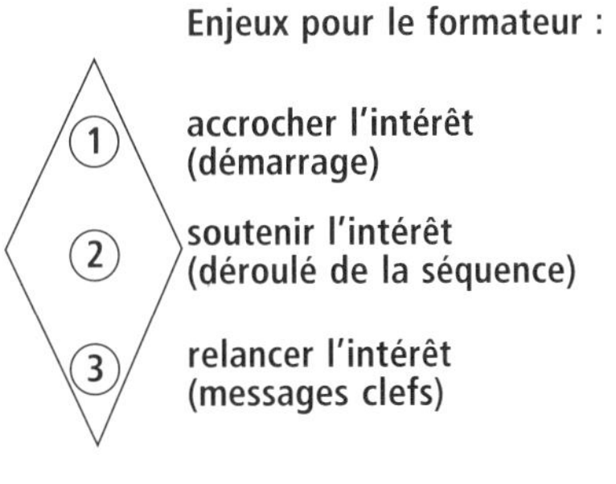

87 La « constante macabre »

Le passionnant et courageux texte suivant d'André Antibi est extrait des *Cahiers pédagogiques* - « l'évaluation » (1991).

« Supposons que trois contrôles se succèdent dans une discipline sans note inférieure à 12 / 20, la mentalité de la « constante macabre » ferait dire à propos du 1er contrôle ; « il s'agit d'un accident », à propos du second « le prof est démagogue et laxiste » et à propos du troisième : « qu'est-ce qui va se passer l'année prochaine pour ces pauvres élèves ?... »

Il ne viendrait jamais à l'idée de personne de penser que les élèves sont bons et ont tiré un profit normal de leurs études.

La constante macabre peut se définir comme le pourcentage d'élèves qui doivent se trouver en situation d'échec pour que l'enseignant ait l'impression qu'il fait bien son travail.

Pour qu'il y ait de bons élèves (gratification suprême du professeur), il faut qu'il y en ait de moyens et de mauvais. La façon dont le plus souvent les enseignants conçoivent leurs épreuves de contrôle est tout aussi révélatrice de cette constante macabre. Il faut toujours éviter que des élèves « normaux » puissent répondre à toutes les questions posées qui seraient alors des « questions cadeaux ». Il en faut, certes mais il en faut aussi de plus difficiles et d'autres qui soient des questions pièges pour surdoués.

Quand donc l'enseignant considérera-t-il comme normal que l'ensemble des élèves puisse répondre de façon satisfaisante aux questions posées ? Quand donc fera-t-il de cette réussite générale le critère de la qualité de son enseignement ?

Le vrai laxisme, ce n'est pas l'abondance de bonnes notes, c'est au contraire l'abondance des mauvaises, c'est l'acceptation des mauvais résultats comme une fatalité inéluctable. En fait trop d'enseignants n'en finissent pas de se servir de la notation comme d'un pouvoir pour se protéger, se rassurer, se justifier, voire se venger. »

À méditer !

88 Du langage machine au langage humain

Plus un langage informatique est proche de la machine plus il est facile à exécuter par l'ordinateur et incompréhensible pour le commun des mortels. Ainsi, l'informatique illustre parfaitement le principe selon lequel « il est compliqué de faire simple ». Rendre l'ordinateur facile à utiliser requiert donc du programmeur un énorme travail.

Le rôle du formateur consiste donc à adapter la machine (le contenu) à l'homme (la personne à former) et non demander au participant de s'adapter au contenu ou au formateur.

89 Innover

La pédagogie représente un champ de créativité infini. Comment transmettre une connaissance ou un savoir-faire le plus simplement possible, le plus rapidement possible, au plus grand nombre possible ? Voilà le défi à relever. Alors n'hésitez pas à créer et à tester en permanence de nouveaux outils ou de nouvelles approches. N'hésitez pas à perfectionner l'existant et à tester vos nouvelles idées. Le conservatisme et la routine sont les pires ennemis du formateur.

90 Simplifier

«*La perfection est atteinte, non pas lorsque l'on ne peut plus rien ajouter mais lorsque l'on ne peut plus rien enlever.*» A. de St Exupéry.

Par souci de perfectionnisme, pour se faire plaisir, pour se rassurer, l'intervenant a toujours tendance à en rajouter.

Gardez-vous de ce travers, au contraire, élaguez, supprimez.

Simplifiez toujours et encore. Vos animations y gagneront en force et en fluidité.

91 Valoriser

Valorisez vos participants. Insistez sur leurs progrès (qu'ils ne perçoivent pas toujours eux-mêmes). N'insistez pas sur leurs échecs (dont ils se rendent bien assez compte eux-mêmes).

N'hésitez pas à l'occasion à verser dans le superlatif «génial», «super».

Le climat que vous instaurez ainsi génère de nombreux effets positifs :

- Les participants prennent l'habitude de s'encourager entre eux. (N'oubliez pas que la qualité de l'animation se mesure non seulement à la qualité de la relation animateur/groupe mais aussi à la qualité de la relation au sein du groupe).
- Les participants, affranchis de la peur du jugement, progressent plus rapidement.
- La bonne humeur règne.
- Les participants s'adressent plus facilement à l'animateur pour lui demander conseil ou faire part de leurs difficultés.

Faites attention à ne pas mettre les participants en situation d'échec.

92 Reconnaître la difficulté

Répondre « *mais non, c'est facile* » à quelqu'un qui exprime une difficulté ne l'aide pas.

Puisque c'est facile et qu'il n'y arrive pas… c'est donc qu'il est nul.

Quel plaisir d'autre part à progresser si tout est facile ?

Enfin, nier la difficulté, n'est-ce pas prendre le risque de viser trop haut et donc de se décourager ?

Reconnaître la difficulté facilite l'apprentissage.

93 Conseils pratiques

- Pensez à tester votre pédagogie sur des « cobayes », ne cherchez pas la louange mais les conseils.
- Soyez attentif aux réactions de votre public, surtout lorsqu'elles sont imprévues ou contrariantes, ce sont généralement les plus intéressantes.
- Ne cherchez pas à appliquer tous ces principes à la fois, l'animation est un compromis.

Ce qu'il faut retenir

- La pédagogie est l'art de la simplification.
- Trouvez la progression la plus adaptée à votre objectif et à votre public.
- C'est à l'animateur de s'adapter à son public et non l'inverse.

Partie 3

Les techniques spécifiques de l'animation

CHAPITRE 11

L'EXPOSÉ

« Un discours doit être à l'image de la robe d'une femme ; suffisamment court pour retenir l'attention, suffisamment long pour couvrir le sujet. »
Sacha Guitry

94 *La perte en ligne*

Il existe un phénomène de déperdition d'information entre une personne qui parle et celle qui écoute : on l'appelle la perte en ligne.

Ce phénomène est illustré par le schéma suivant dans lequel la quantité d'information est symbolisée par la taille du rectangle.

Tout ce que l'animateur sait sur le sujet.

L'animateur a envie de tout dire.

Ce qui correspond à l'objectif parmi les connaissances de l'animateur.

L'animateur ne doit retenir de ce qu'il a envie de dire que ce qui sert son objectif.

Ce que l'animateur a prévu de dire.

En fonction du public et du temps imparti.

Ce que l'animateur dit réellement.

L'animateur a toujours tendance à sous-estimer son timing sans compter les questions et réactions imprévues.

Ce que les participants entendent.

L'attention et l'intérêt des participants ne sont pas constants mais fluctuent au cours de l'exposé.

Ce qu'ils comprennent.

La logique, le vocabulaire, le référentiel de l'animateur et des participants sont rarement les mêmes.

Ce qu'ils retiennent.

La capacité de mémorisation est faible.

Ce qu'ils en font.

Soyez réaliste…

Ce qui est important, ce n'est pas ce que vous dites mais ce que vos participants retiennent. Pour limiter la perte en ligne, construisez votre intervention à partir de vos messages clefs et non pas à partir de ce que vous savez du sujet.

Dans la construction d'un exposé, vous devez identifier vos messages. Vous devez ensuite les hiérarchiser et les sélectionner. Cette étape n'est pas facile car tout vous semble alors important. Ce n'est qu'une fois vos messages identifiés et sélectionnés que vous pouvez bâtir votre intervention. Il s'agit en quelque sorte de construire le château en commençant par le donjon et en finissant par les remparts !

Veillez à ce que vos messages soient :
– peu nombreux ;
– clairs (expliquer le message reviendrait à fournir le mode d'emploi du mode d'emploi) ;
– courts et percutants (pour faciliter la mémorisation).

95 *De l'intervenant à l'animateur*

La cause principale d'inefficacité des exposés réside dans le décalage entre les attentes de l'auditoire et les préoccupations de l'intervenant.

Préoccupations de l'intervenant valoriser ses compétences et son activité	**Préoccupations de l'auditoire** disposer d'éléments d'information et de décision
ce qui est confortable pour lui : – le monologue ; – le jargon ; – l'exhaustivité ; – une intervention de longue durée ; – la précision ; – l'analyse.	ce qui est confortable pour lui : – l'interaction ; – un langage clair et simple ; – une vision d'ensemble ; – une intervention de courte durée ; – l'intérêt ; – la synthèse.

Ce qui différencie l'intervenant de l'animateur, c'est que l'intervenant est dans une logique de contenu (je parle de) alors que l'animateur est dans une logique de communication (je parle à).

.../...

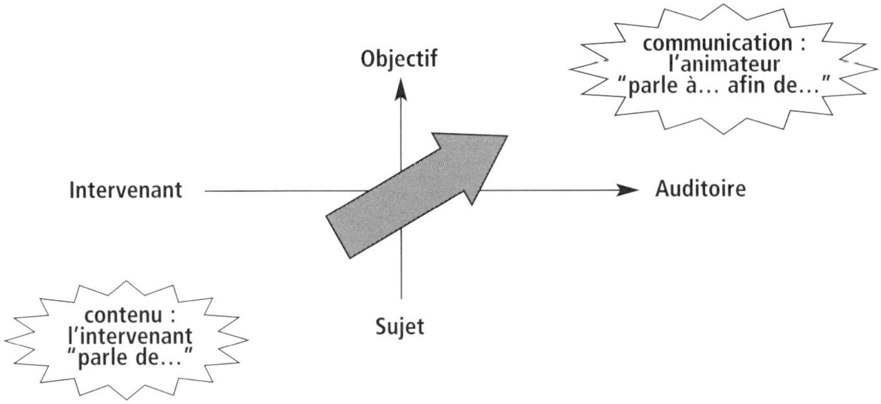

96 *L'accroche*

Si la fin de l'exposé est essentielle, son démarrage a tout autant d'importance.

Les premiers mots que vous allez employer et la manière dont vous les prononcerez agiront sur vos participants comme les premières images d'un film sur des spectateurs. Autrement dit, vous devez dès les premières secondes éveiller l'intérêt de vos participants si vous voulez capter leur attention. Si on s'ennuie pendant les 5 premières minutes, on s'ennuie tout le long du film.

L'accroche a pour but de capter l'attention de vos participants dès que vous prenez la parole. Voici quelques types d'accroche pour vous donner des idées :

- une question « *Savez vous combien de dons d'organes sont effectués chaque jour en France ?* »
- une citation « *J'attends le démenti pour y croire.* »
- une anecdote « *Hier, je rencontrais notre DG et il me disait...* »
- une plaisanterie « *Connaissez-vous l'histoire du gnome et de la sorcière ?* »
- un chiffre choc « *115 millions, c'est le prix de la non-qualité dans notre entreprise.* »

N'allez tout de même pas faire comme cet animateur qui avait débuté un jour son intervention en sortant un revolver et en tirant en l'air !

97 « *L'équation de la mort* »

Voix monocorde + monotonie des visuels + plan analytique = exposé qui tue.

98 « Des questions ? »

Traditionnellement, les intervenants terminent leur exposé par la phrase rituelle « *avez-vous des questions ?* ». Cette façon de faire, ancrée dans les habitudes, est à bannir pour 3 raisons :

1 / Les questions ne sont pas une fin en elles-mêmes. L'exposé est une méthode d'animation au service d'un objectif (Chapitre 5 « l'objectif »). La fin de votre exposé permet de mesurer l'atteinte de cet objectif en posant une question plus directe, par exemple : « est-ce clair pour tout le monde ? » (si l'objectif est de faire comprendre), « vous ai-je convaincu ? » (si l'objectif est de faire adhérer).

2 / Inciter à poser des questions conforte le schéma scolaire basé sur la relation maître / élève. Le maître est détenteur du savoir et dans sa phrase « des questions ? » plane une menace. Poser une question, c'est alors soit avouer que l'on n'a pas compris, soit faire prendre du retard « au cours ». Dans tous les cas, c'est prendre le risque de sortir de l'anonymat dans lequel le monologue du « professeur » relègue les élèves. Cette relation maître / élève est contraire au principe même de l'animation.

3 / Cette façon d'engager l'échange avec l'auditoire restreint singulièrement la participation des participants puisque seuls ceux qui ont des questions sont invités à prendre la parole. Se limiter aux questions, c'est appauvrir considérablement votre animation. En effet, les réactions de vos participants peuvent être très variées : poser une question bien sûr mais aussi faire part de son adhésion ou de son désaccord, demander l'avis des autres, apporter un témoignage etc.

Préférez donc, pour engager l'échange avec votre public à la fin de votre exposé, des formulations beaucoup plus ouvertes. Si des participants souhaitent poser des questions, ne vous inquiétez pas, ils le feront ! Quelques exemples :

– « *J'aimerais à présent connaître vos réactions.* »
– « *Y a-t-il des points sur lesquels vous souhaitez revenir ?* »
– « *Des commentaires ou réactions ?* »
– « *Quelqu'un souhaite-t-il s'exprimer ?* »
– …

99 La fin de l'exposé

« *Avez vous des questions ?* » demande machinalement l'intervenant en rangeant ses papiers.

Le silence tombe.

3 cas de figure :

…/…

1
Une seule personne pose des questions : l'échange se réduit à un dialogue bilatéral.

2
Pour briser le silence l'animateur reprend la parole : le monologue reprend.

3
Les questions fusent en tout sens : l'échange tourne à la confusion.

Puis l'échange prend fin. À nouveau 3 cas de figure :

1
L'échange continue de manière informelle avec quelques personnes.

2
L'échange s'arrête brutalement faute de temps : des questions restent en suspens.

3
L'échange s'éternise et dérive sur des sujets annexes.

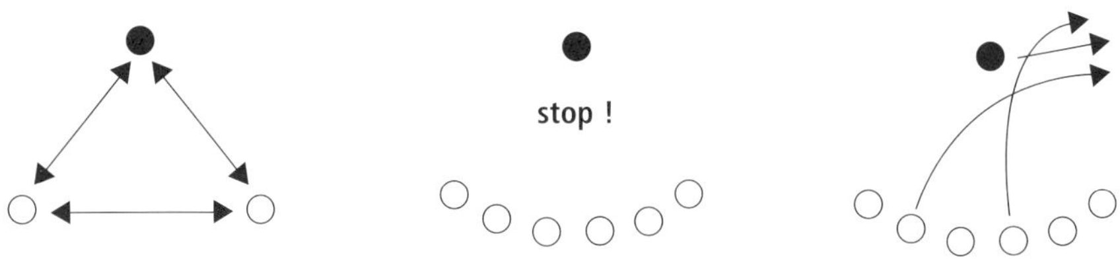

Dans tous les cas, le débat n'est pas structuré et l'animation se termine en queue de poisson. L'animateur a oublié d'atterrir. Pour éviter ce travers, procédez comme suit

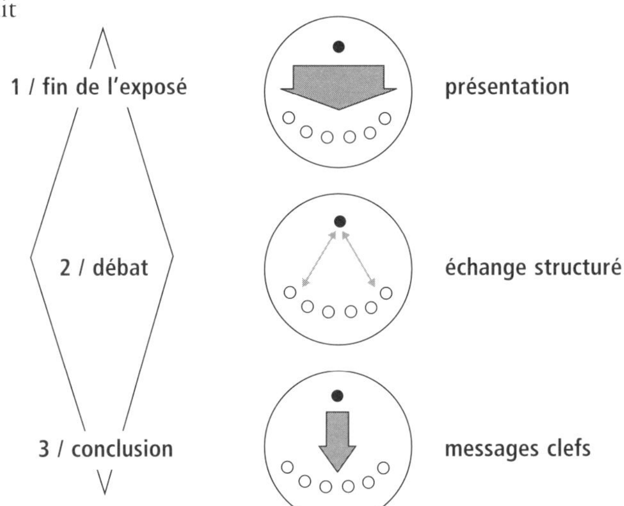

Ne confondez pas fin de l'exposé et fin de l'animation !

.../...

➤ Fin de l'exposé

– Terminez votre exposé, laissez vos supports de côté, éteignez le rétroprojecteur ou le vidéoprojecteur si vous l'avez utilisé. Avancez-vous nettement vers votre auditoire.

– Lancez le débat avec une phrase - et une seule - que vous aurez préparée à l'avance (**[98]** pour des exemples).

– Taisez-vous et regardez votre auditoire en souriant (invite t on sa cavalière en regardant ses chaussures l'air triste ?). Ne vous inquiétez pas si un silence suit vos propos. Ce dernier est naturel et correspond à la phase de « digestion » : vos participants réfléchissent à ce qu'ils ont entendu, certains relisent leur notes tandis que d'autres formulent mentalement une question.

Si le silence dure plus de 30 secondes, relancez votre auditoire - toujours avec le sourire - ex. : « *pas de réactions ?* », puis taisez-vous à nouveau. Observez attentivement vos participants, leurs réactions sont souvent non verbales : sourcils froncés, acquiescement de la tête, mains levées, etc.

Si tout le monde est d'accord avec ce que vous avez dit, n'insistez pas (on n'est jamais à l'abri d'un succès !) et passez directement à la conclusion.

➤ Animation du débat

– N'oubliez pas que c'est vous l'animateur. Il vous appartient donc de structurer les échanges et de réguler la parole.

– Ne commettez pas l'erreur de répondre à une question que vous n'avez pas comprise ; dites simplement que vous ne comprenez pas la question ou tentez une reformulation.

– Ne tombez pas non plus dans le travers qui consiste à reprendre systématiquement la parole après chaque intervention d'un participant. Certaines réactions n'appellent pas de commentaire. Par exemple, si un participant apporte un témoignage qui va dans votre sens, vous lui donnerez le maximum d'impact… en écoutant. Les participants vous seront reconnaissants si vous les laissez exister.

➤ Conclusion

– Clôturez le débat... Et ne le reprenez pas.

– Si nécessaire, faites une rapide synthèse des échanges.

– En guise de conclusion, reprenez vos messages clefs et remerciez votre auditoire.

– **Votre intervention est maintenant terminée**, exposé et débat sont clos, n'acceptez de continuer qu'en dehors de la salle et de manière informelle (ou dans la salle si les participants l'ont quittée).

– Si dans votre trame, l'exposé ne constituait qu'une partie de votre animation, enchaînez avec votre transition pour introduire la séquence suivante. Dans tous les cas, n'oubliez pas que la conclusion est pour l'animateur un moment de forte existence. Mobilisez à cet effet votre verbal et votre non-verbal.

100 Les 5 étapes de la construction d'un exposé

① Clarifiez l'objectif et ciblez votre auditoire : à qui je m'adresse et dans quel but ?
② Sélectionnez vos messages clefs : qu'est-ce que je veux qu'ils retiennent à la fin de mon exposé ?
③ Structurez et modularisez votre développement : comment organiser au mieux mes informations ?
④ Déterminez ce qui doit être visualisé : quels visuels pour augmenter l'impact de mon intervention ?
⑤ Réalisez votre guide d'exposé et vos visuels : à quels supports me référer lors de ma présentation ?

101 1re étape : clarifier l'objectif et cibler l'auditoire

En matière de communication, on distingue traditionnellement 4 niveaux d'objectifs, du plus simple au plus ambitieux :

– faire savoir (information)
– faire comprendre (formation)
– faire adhérer (conviction)
– faire agir (mobilisation)

Vous l'avez vu **[95]**, l'animateur ne parle pas de quelque chose mais parle à quelqu'un dans un but déterminé. L'opération qui consiste à adapter son intervention à son auditoire s'appelle le ciblage. Les principales questions que vous devez vous poser lors de la phase de ciblage sont : Quelles sont les attentes des participants ? leur état d'esprit ? leur niveau de connaissance du sujet ? À quel type d'arguments sont-ils sensibles/réfractaires ? Quels sont les mots, les thèmes tabous ? Sont-ils volontaires ou désignés d'office ?

Il est rare que vous ayez seul la réponse à ces questions. À vous alors de les obtenir de la part de votre client, c'est-à-dire de la personne qui vous a passé commande de l'exposé.

102 2e étape : sélectionner les messages clefs

Rappelons qu'on appelle message clef ce que l'on veut que les participants conservent en mémoire à la fin de l'animation.

Dans ce guide, les messages clefs relatifs à chaque chapitre sont regroupés sous la rubrique « ce qu'il faut retenir ».

Dans un conte de fée ou une fable, le message clef est contenu dans la « moralité ».

.../...

De même, on pourrait être tenté de dire que Moïse reçut les dix « messages clefs » de Dieu. Si Dieu était un animateur, conscient de la « perte en ligne » **[94]** il aurait limité ses messages clefs à 3 ou 4 (comment voulez-vous retenir facilement 10 messages ?). Il est probable par ailleurs qu'il aurait choisi un autre support participant qu'une pierre pour y graver ses dix commandements (comment voulez-vous manipuler et diffuser un support aussi mal commode ?). Comme quoi, on peut quand même réussir sans être un bon animateur...

Retenez que la capacité de mémorisation d'un individu étant faible, le nombre de messages que peut délivrer un animateur est nécessairement restreint (de 3 à 5).

Ce qui est important, ce n'est pas ce que vous dites mais ce que vos participants retiennent. Pour limiter la perte en ligne, construisez votre intervention, non à partir de ce que vous savez du sujet, mais à partir de vos messages clefs.

Dans la construction d'un exposé, vous devez identifier vos messages. Vous devez ensuite les hiérarchiser et les sélectionner. Cette étape n'est pas facile car tout vous semble alors important. Ce n'est qu'une fois vos messages identifiés et sélectionnés que vous pouvez bâtir votre intervention. Il s'agit en quelque sorte de construire le château en commençant par le donjon et en finissant par les remparts !

Veillez à ce que vos messages soient :

- peu nombreux ;
- clairs (expliquer le message reviendrait à fournir le mode d'emploi du mode d'emploi) ;
- courts et percutants (pour faciliter la mémorisation).

103 3e étape : structurer et « modulariser » le développement

Structurer votre intervention signifie trouver le fil directeur, ce qu'on appelle le plan.

Vous êtes le réalisateur, vos idées représentent les acteurs et le plan le scénario : ne faites pas de film d'auteur ! Les plans les plus simples sont toujours les meilleurs.

Il existe 4 plans types :

- le plan chronologique (historique) : bien adapté pour mettre quelqu'un au courant d'une situation qu'il découvre (avant : les origines / pendant : état des lieux / après : les étapes à venir) ;
- le plan synthétique (messages clefs) : bien adapté aux auditoires pressés ;
- le plan argumentaire (démonstration) : bien adapté aux présentations commerciales ;
- le plan analytique (description) : bien adapté aux présentations techniques entre spécialistes.

.../...

Si vous êtes pris au dépourvu, le plan IRA [**107**] peut vous aider à improviser un développement structuré.

Modulariser son développement signifie qu'au lieu de se présenter sous forme linéaire, le plan s'articule en modules autonomes. Chaque module comprenant plusieurs niveaux de lecture.

En adoptant un plan modulaire, vous disposez d'une véritable présentation à géométrie variable qui vous permet :

– de vous adapter facilement aux réactions et attentes de vos participants ;
– de gérer votre temps avec souplesse ;
– d'avoir à tout instant sous les yeux, en regardant le 1er niveau de lecture, une vision d'ensemble de votre présentation ;
– d'éviter d'avoir à réaménager votre présentation à chaque nouvelle intervention.

Comment se présente un plan modulaire ?

1er niveau de lecture	2e niveau de lecture	3e niveau de lecture
Ce qu'il est indispensable que je dise (messages clefs).	Ce qu'il est important que je dise (messages secondaires, illustrations, explications).	Ce que je peux dire en complément (infos supplémentaires, précisions, anecdotes).

104 4e étape : déterminer ce qui doit être visualisé

Pour concevoir un visuel, reportez-vous au Chapitre 7 « les aides visuelles ».

Souvenez vous, qu'en général, il est utile de visualiser les points suivants dans votre intervention :

– le plan de votre exposé ;
– les messages clefs ;
– les noms / sigles / abréviations inconnus de l'auditoire ;
– les données chiffrées ;
– les schémas techniques ;
– les plans, cartes…

105 5e étape : réaliser le guide d'exposé et les visuels

Pour la réalisation des visuels vous trouverez tous les éléments nécessaires au Chapitre 7 « les aides visuelles ». Gardez à l'esprit de toujours tester vos visuels avant utilisation.

EXEMPLE DE GUIDE D'EXPOSÉ

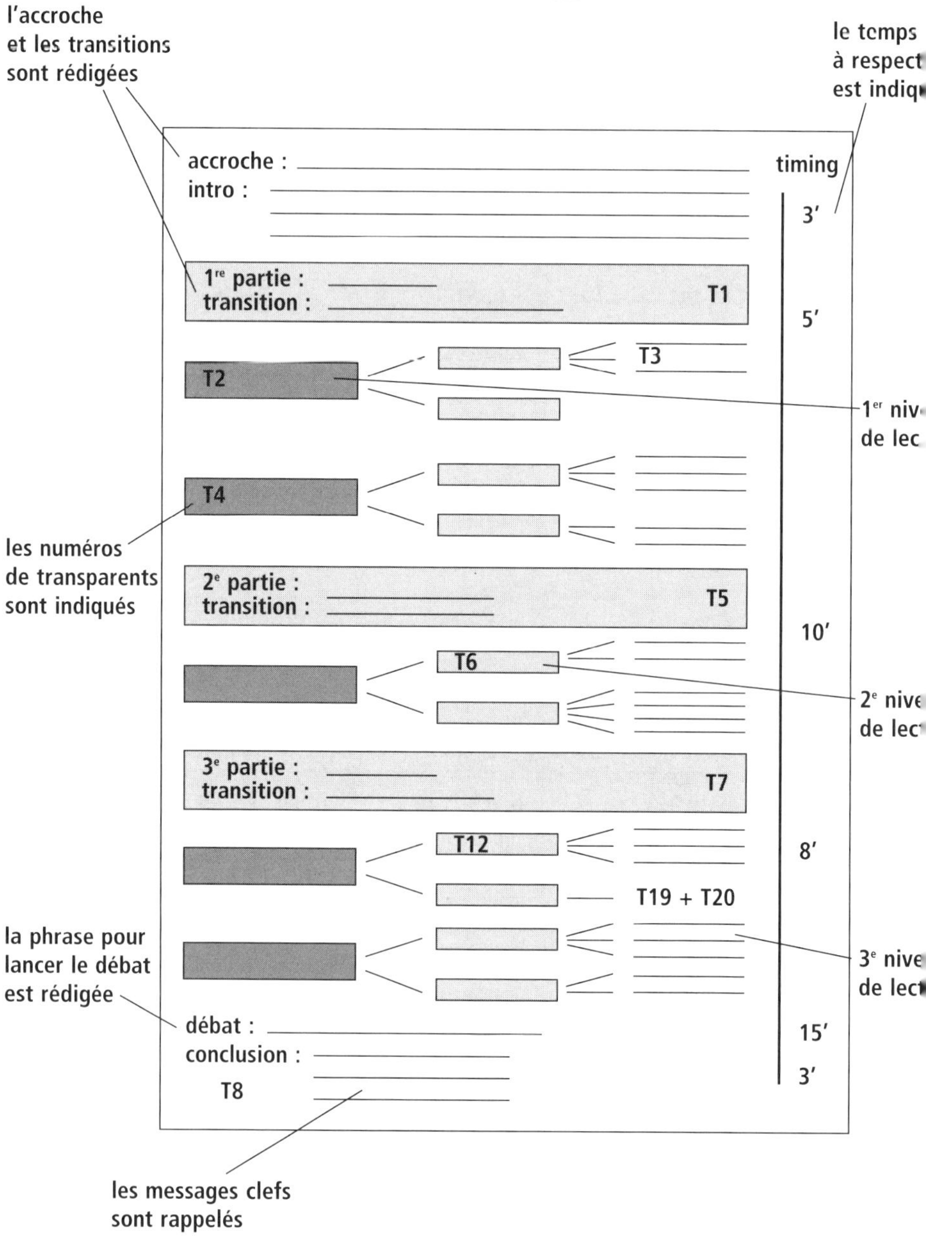

106 *Points clefs et messages clefs*

Il convient de distinguer la notion de « point clef » de la notion de « message clef ». Les points clefs se trouvent généralement groupés sous forme d'une check-list. Le point clef ne dit pas ce qu'il faut faire mais doit vous faire penser à ce qu'il faut faire. Le message clef est exprimé sous la forme d'une phrase percutante qui indique la marche à suivre.

L'univers militaire fournit de bons exemples de points et de messages clefs. Il est en effet nécessaire de faire mémoriser des informations cruciales à un grand nombre de personnes de tout niveau, afin qu'elles puissent s'en souvenir dans des conditions de stress extrême.

➤ **Exemple de points clefs relatifs au camouflage : FOMEC + B**

Fond (une silhouette se découpe facilement sur un fond contrasté).

Ombre (le soleil peut trahir un soldat embusqué).

Mouvement (un simple mouvement peut trahir une position).

Éclat (un éclat de lumière sur une pièce métallique : arme, montre, boucle de ceinturon... est visible à grande distance).

Couleur (des mains et un visage non maquillés sont repérables).

\+

Bruit (le bruit révèle la présence).

➤ **Exemple de message clef relatif à l'occupation du terrain: « qui tient les hauts, tient les bas »**

Pour être maître du terrain, un soldat doit toujours occuper la position la plus élevée (l'étage d'une maison, le haut d'une colline...).

107 *Le plan minute : IRA*

Information = ce qu'il faut savoir : les faits et les informations pertinentes.

Réflexion = ce que cela signifie : analyse critique et synthèse ; Quel crédit apporter à ces informations ? Comment les interpréter ?

Action = ce qu'il faut faire / ce que l'on peut faire : aide à la décision, les scénarios d'action envisageables ; pourquoi, (avantage escompté), comment ? (moyens à mettre en œuvre), quand ? (plan d'action).

Grace au plan IRA, vous apportez une triple valeur ajoutée à votre auditoire :

– informative (**I**nformation);
– pédagogique (**R**éflexion);
– persuasive (**A**ction).

108 Êtes-vous un expert ?

« *Un expert est quelqu'un qui sait de plus en plus de choses sur un domaine de plus en plus restreint. Si bien qu'à la fin, il sait tout sur rien.* »

George Bernard Shaw.

109 Le regard : « miroir de l'âme » ?

Capter l'attention de vos participants nécessite que vous mobilisiez autant votre verbal (ce que vous dites : les mots employés) que votre non-verbal (comment vous le dites : le ton, les gestes, le regard…).

Dans la panoplie du non-verbal, le regard constitue un outil privilégié pour l'animateur qui souhaite développer son Existence.

Dans le cadre d'une animation, on peut dire que la superficie de votre « territoire » est égale à l'ampleur de votre champ visuel. Ne pas regarder un participant, c'est l'exclure avec tous les risques que cela comporte.

D'autre part, « la voix porte où le regard se pose », il importe donc pour ajuster votre volume sonore de vous adresser à la personne la plus éloignée de vous.

Une anecdote me confirma la puissance du regard comme outil d'animation. Un jour, après avoir remis de l'ordre dans mes affaires, je rejoignis mes participants qui étaient en pause pour leur demander de reprendre le travail. À mon arrivée dans la salle de pause, sans aucun geste ni aucune parole de ma part, les participants se levèrent spontanément pour rejoindre la salle. Surpris de cette réaction unanime (il n'est pas rare que les participants se fassent d'ordinaire prier), j'interrogeais un participant. « *Comment avez vous deviné que j'allais vous rappeler en salle ?* » « *Je l'ai vu dans vos yeux* » me répondit-il.

Pour être sûr de n'oublier personne tout en conservant une stabilité oculaire, une excellente pratique consiste à regarder un participant le temps d'une phrase. Lorsque vous avez terminé votre phrase, vous passez à un autre participant le temps d'une autre phrase et ainsi de suite. Bien sûr, rien ne vous empêche de passer 3 phrases dans un joli regard ! Par contre lorsque vous êtes en validation (« OK ? ») ou en ouverture de débat **[98]**, balayez votre auditoire d'un regard circulaire.

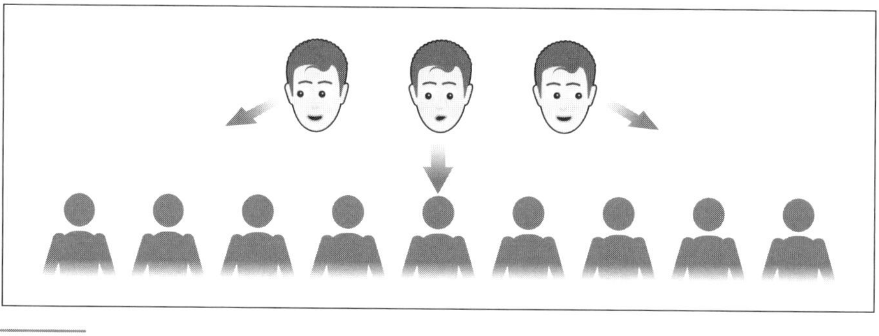

110 *Conseils pratiques*

- Lors du débat qui suit votre exposé, au lieu de répondre au coup par coup aux questions, vous pouvez dans un premier temps noter toutes les questions au paper-board sans y répondre, vous assurer qu'il n'y a plus de questions puis clore la liste. Dans un second temps, vous reprenez la liste pour répondre aux questions.

  – Vous êtes maître de votre temps : connaissant le nombre de questions et le temps à votre disposition, vous êtes en mesure d'adapter la longueur de vos réponses.
  – Pendant que vous recensez les questions, vous avez le temps de réfléchir à une réponse.
  – Dans une même réponse, vous pouvez apporter la réponse à plusieurs questions (ce qui n'est pas possible si vous découvrez les questions au fur et à mesure).
  – Vous évitez une partie de ping pong avec un participant.
  – Vous incitez un plus grand nombre de personnes à s'exprimer.
- Constituez-vous un « back-up » de visuels dans lesquels vous pourrez piocher un complément en fonction des réactions des participants lors de votre présentation ou du débat.
- Gardez à l'esprit que le débat suscité par votre intervention peut se dérouler entre les participants et pas nécessairement entre les participants et vous. Si les échanges sont constructifs, laissez les échanger entre eux, si ce n'est pas le cas reprenez l'animation en main.

(!) CE QU'IL FAUT RETENIR

- Construisez votre exposé à partir de vos messages clefs.
- Modularisez votre développement.
- Ne confondez pas fin de l'exposé et fin de l'animation.

CHAPITRE 12

LE RECUEIL

« Si l'homme possède une bouche et deux oreilles, c'est pour écouter deux fois plus qu'il ne parle. »
Proverbe chinois

111 *Qu'est-ce qu'un recueil ?*

Comme son nom l'indique, le recueil est une technique d'animation qui consiste à recueillir rapidement en direct des informations produites par un groupe.

Le type le plus connu de recueil est le brain storming qui vise à faire produire des idées. Comme vous le verrez plus loin, le brain storming illustre une règle fondamentale du recueil : en tant qu'animateur vous ne participez pas à la production et vous ne l'influencez pas.

112 *À quoi sert le recueil ?*

- Faire produire des idées (brain storming).
  ex. : « Comment redonner le sourire à nos clients ? »
- Faire exprimer en début de séquence l'hostilité ou les réticences des participants (purge).
  ex. : « Ce que j'ai envie de dire avant que l'on commence. »
- Recevoir un retour de la part des participants sur une session (évaluation).
  ex. : « Qu'avez pensé de ce séminaire ? ».
- Interroger l'auditoire avant de commencer un exposé, pour connaître son niveau de connaissance du sujet (sondage).
  ex. : « Que connaissez-vous des réseaux de téléphonie mobile ? »
- Recenser les attentes des participants en début de session (attentes).
  ex. : « Quelles sont les raisons de votre présence à ce séminaire ? »
- Relancer l'attention de votre auditoire en piquant sa curiosité et en lui donnant la parole (relance).
  ex. : « Si vous étiez à la place de ce dirigeant, que feriez-vous ? »

113 Les 5 étapes de l'animation d'un recueil

Un recueil s'anime en 5 étapes.

114 Étape 1 : poser une question ouverte… et se taire !

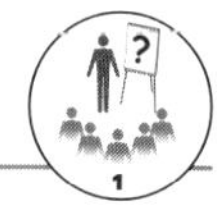

- Veillez à ce que la question posée soit une question ouverte, sinon votre recueil sera fini avant d'avoir commencé !

« *Quelle image de l'entreprise avez-vous aujourd'hui ?* »

- Une variante consiste à substituer à la question une phrase en suspens que vos participants doivent compléter.

« *Ce qui me semble le plus difficile dans le management d'une équipe, c'est…* »

- Afin de faciliter votre recueil, vous avez intérêt à afficher votre question ou votre phrase en suspens aux yeux des participants : paper-board, transparent ou autre…

Après avoir lu votre question ou votre phrase à haute voix, vous devez vous taire. En effet, la tentation est grande pour vous de répondre vous-même : soit que vous vouliez rompre le silence, soit que vous soyez impatient de conclure votre recueil, soit encore que vous soyez désireux (consciemment ou non) d'influencer les réponses dans le sens qui vous intéresse.

La formulation de la question est fondamentale pour le succès du recueil. Si vous devez expliquer la question à vos participants, la séquence est mal partie. Vous voilà en train de parler alors que c'est aux participants de s'exprimer !

115 *Étape 2 : noter les réponses*

- Notez les réponses au paper-board - telles quelles - sans prendre position ni manifester par quelque parole ou attitude que vous cautionnez ou non cette réponse.

  Cette deuxième étape est une phase d'écoute par excellence. Vous devez respecter la formulation des participants. Ainsi, si un participant dit « difficulté d'orientation », n'écrivez pas « problème d'espace ».

  Toutefois, si vous ne comprenez pas une réponse, demandez à la personne de reformuler son propos.
- Si un participant vous interpelle pour connaître votre avis, gardez-vous bien de le lui donner. Esquivez le piège en répondant par exemple « *je vous le donnerai tout à l'heure, mais pour l'instant, c'est le vôtre qui m'intéresse* »
- Si vous n'intervenez pas sur le fond, vous restez en revanche très présent sur la forme : faire préciser les réponses confuses, donner la parole, relancer le groupe... Si un participant donne une réponse similaire à vos yeux à une réponse déjà notée, demandez-lui s'il s'agit de la même idée, dans l'affirmative, cochez un trait en face de cette réponse pour montrer qu'elle a été citée 2 fois. Si le participant n'est pas d'accord avec votre regroupement mais estime qu'il s'agit d'une idée neuve, alors notez-la.

116 *Étape 3 : arrêter le recueil*

Vous savez qu'il est temps d'arrêter le recueil à 3 indices :

– le groupe commence à tourner en rond ;

– tout le monde s'est exprimé ;

– vous avez suffisamment de matière à exploiter.

Vous devez alors sans équivoque indiquer que le recueil est clos.

« *Bien, merci, on va s'arrêter là si vous le voulez bien* ».

À partir de cet instant, il n'est plus question de noter, posez votre marqueur.

117 *Étape 4 : faire la synthèse*

C'est l'étape la plus difficile, il s'agit d'organiser, de classer, de trier la matière recueillie. Le tout en direct.

Lors de la conception de votre trame, pensez à la manière dont vous allez organiser les réponses. Cela vous permettra lors de votre prise de notes (étape 2) de préparer votre synthèse en notant les réponses à certains endroits du paper en vue d'un regroupement ultérieur.

.../...

Par exemple : À la question « comment améliorer l'accueil dans notre service ? », vous pouvez diviser votre paper en 2 colonnes sachant que votre synthèse s'organisera en distinguant parmi les mesures proposées celles qui relèvent de l'organisation (1re colonne) de celles qui relèvent du comportement (2e colonne).

Lors de la synthèse vous pouvez évacuer les réponses fantaisistes ou hors sujet. Vous êtes à ce moment légitime pour le faire.

118 *Étape 5 : exploitation du recueil*

C'est la qualité de l'exploitation qui fait la différence entre un artifice de présentation et une méthode d'animation.

En effet, comme toute technique d'animation, le recueil n'est pas une fin en soi, il est au service d'un objectif. (Chapitre 5 L'objectif). Par conséquent, **un bon animateur n'est pas celui qui fait de bons recueils mais des recueils utiles.**

Exploiter un recueil, c'est donc faire ressortir sa valeur ajoutée. Voici quelques exemples d'exploitations types :

– « *Dans vos réponses, personne n'a évoqué tel point qui est fondamental, je vous propose de le découvrir ensemble maintenant.* »

– « *Les 3 points que vous venez de faire ressortir vont servir de plan à mon intervention, en effet, nous verrons d'abord... puis... et enfin...* »

– « *Vous avez donné votre point de vue sur les raisons qui font que nos clients ont perdu le sourire. Confrontons maintenant votre vision à celle de nos clients au travers de la dernière enquête de satisfaction dont je vais vous présenter maintenant les résultats.* »

119 *Conseils pratiques*

- Dans un recueil destiné à sonder les connaissances de l'auditoire sur un sujet, l'exploitation consiste à réaménager en fonction votre intervention. Vous pourrez le faire très facilement si vous disposez d'un plan modulaire à plusieurs niveaux de lecture **[103]**.
- Lors de l'étape 2 (noter les réponses), ayez du scotch pour coller vos papers sur les murs au fur et à mesure que vous les remplissez.
- Pour animer vos recueils, vous pouvez utiliser la méthode des cartes réponses **[143]**. Par son système de cartes repositionnables, elle facilite la phase de synthèse (étape 4 du recueil).
- Testez votre question sur un « cobaye » pour valider sa formulation.
- Attention à poser des questions auxquelles les participants puissent répondre.
- Écrivez par avance votre question suffisamment grand sur une feuille de paper, afin qu'elle soit lisible à distance et laissez-la affichée lors du recueil.

Ce qu'il faut retenir

- Préparez soigneusement la question ouverte.
- Respectez les 5 étapes du recueil.
- Un recueil doit être bref et rondement mené.

Chapitre 13

La coanimation

« Lorsque je me regarde, je m'inquiète, lorsque je me compare, je me rassure. »
Talleyrand

120 *Qu'est-ce que la coanimation ?*

Comme son nom l'indique, la coanimation consiste à animer simultanément à plusieurs. De fait, la plupart des coanimations ont lieu à deux.

Quels sont les différents types de coanimation ?

Type de coanimation \ Rôles	Animateur 1	Animateur 2
Institutionnelle	axé sur la forme (pédagogie, animation des échanges...)	axé sur le fond (contenu, messages institutionnels...)
Cartes réponses	anime les débats, colle les cartes dicte au scribe	scribe : écrit les cartes sous le contrôle de l'animateur n°1
Alternée	anime certaines séquences (fond et forme)	anime les autres séquences (fond et forme)
Simultanée	anime selon l'éclairage n°1 (par ex. l'angle technique)	anime selon l'éclairage n°2 (par ex. l'angle humain)

121 *Quel est l'intérêt de la coanimation ?*

Si l'on devait résumer l'intérêt de la coanimation, on pourrait dire « c'est l'intérêt du 2 en 1 ».

Sur le fond, les participants bénéficient d'un double éclairage : 2 points de vue complémentaires enrichissent les échanges.

Sur la forme, la coanimation apporte un dynamisme dû à l'alternance des personnalités, des voix et des visages.

Du point de vue de l'animation, la coanimation présente aussi des intérêts :

– possibilité d'animer des groupes plus importants ;

.../...

– prise de recul par rapport à l'animation : pendant que l'un anime sous la pression du groupe, l'autre peut réfléchir, analyser, sentir et… se reposer !
– opportunité de former un animateur ;
– opportunité d'enrichir sa pratique de l'animation en observant l'autre animateur ;
– meilleure gestion du stress en la répartissant.

Pour être efficace, les animateurs doivent respecter 4 règles :
– définir clairement les rôles respectifs ;
– se coordonner soigneusement ;
– coexister ;
– être solidaires.

122 *Définir les rôles respectifs*

Si vous êtes deux à faire la même chose, la coanimation n'est pas justifiée. Il importe donc que vous définissiez ensemble au préalable le « qui fait quoi ». De plus, il est important que cette répartition des rôles soit perceptible aux yeux de vos participants. Une des choses les plus désagréables qui puisse vous arriver, c'est que les participants s'interrogent sur la raison de la présence de 2 animateurs. Pour éviter cela, veillez à ce que les rôles soient équilibrés.

123 *Se coordonner soigneusement*

Vous devez vous compléter et non vous gêner mutuellement. Aussi la coordination entre vous est-elle essentielle. Si brusquement l'un de vous se retourne sans crier gare vers son collègue en lui laissant la parole alors que celui-ci n'a rien à dire, la qualité de votre animation risque d'en pâtir.

Il est important d'harmoniser vos styles. Si l'un d'entre vous, lors du tour de table, se présente en 20 secondes et l'autre en 20 minutes, les participants seront à juste titre déconcertés. Idem si l'un d'entre vous utilise des transparents manuscrits et l'autre un vidéoprojecteur.

Cette coordination ne doit pas cependant brider votre spontanéité. Le fait que vous partagiez la même conception du sujet ne signifie pas que vous êtes des clones. Vérifiez qu'à défaut de parfaite synergie, il n'existe pas d'incompatibilité rédhibitoire.

124 *Coexister*

Il ne suffit pas d'identifier le rôle de chacun, encore faut-il s'y tenir. Votre coanimation ne peut réussir que si les deux animateurs acceptent de coexister : vous n'êtes pas en situation de concurrence.

…/…

Plusieurs facteurs peuvent parasiter dangereusement cette coexistence, en effet l'un de vous peut :

– être tenté consciemment ou non d'effectuer un coup d'état sur le groupe et d'essayer par la brillance de ses feux - réels ou supposés - d'éclipser son petit camarade (« *ils m'aiment plus que toi* ») ;
– pris par son sujet, déborder largement le temps qui lui est imparti et réduire ainsi son collègue à la portion congrue.

125 *Être solidaires*

C'est peut être la règle la plus importante : pas de disputes ou de désaveu devant les enfants !

Ne vous contredisez pas et ne vous désolidarisez pas l'un de l'autre.

Tant pis si vos convictions doivent en souffrir, il sera toujours temps de s'expliquer à la pause. Cette tentation de la scission est d'autant plus à redouter lorsque les coanimateurs ne se connaissent pas, n'appartiennent pas au même univers, ne sont pas volontaires et ne se reverront jamais !

Si l'un de vous est un animateur professionnel, il doit mettre son expérience au service du rattrapage d'éventuelles maladresses que son compagnon pourrait commettre.

126 *Le binôme*

Lorsque des fantassins arrivent dans une zone dangereuse, ils progressent en équipe de 2 appelée « binôme ». Les membres du binôme assurent alors la sécurité de leur progression en file indienne en se partageant la surveillance selon un schéma précis. L'homme de tête regarde les 10 mètres devant lui (danger immédiat), tandis que son camarade qui marche à quelques pas derrière lui, regarde loin devant (danger proche). En se répartissant ainsi les rôles, le binôme met toutes les chances de son côté pour assurer la sécurité de sa progression.

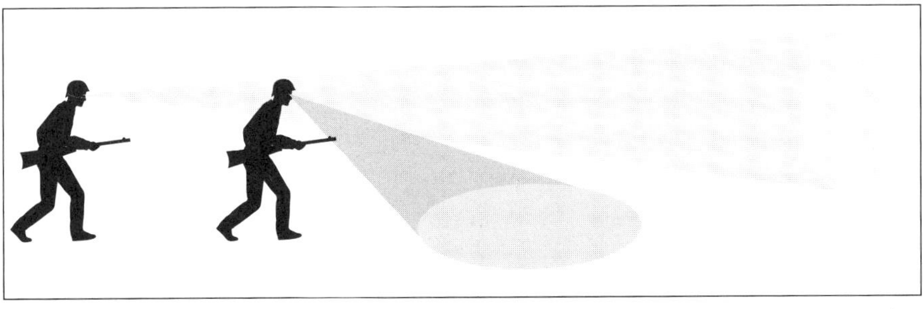

Toute proportion gardée, il doit en être de même dans la coanimation. Celui qui anime est concentré sur l'animation du groupe. Son coéquipier doit

.../...

Les techniques spécifiques de l'animation

profiter qu'il se tient provisoirement en retrait pour prendre du recul et s'interroger : faut-il accélérer ? ralentir ? revenir sur un point abordé précédemment ?

Il peut aussi mettre à profit ce temps pour réaménager la prochaine séquence en fonction des réactions des participants. Il peut aussi, profitant du recul dont il bénéficie, intervenir pour dissiper un malentendu, appuyer son camarade qui ne trouve pas le mot juste ou s'embrouille sur un point de détail.

127 *Conseils pratiques*

- Établissez toujours, avant l'animation, un contact avec votre coanimateur surtout si celui-ci a été désigné d'office.
- N'hésitez pas à faire de brefs apartés entre vous si nécessaire.
- Donnez-vous mutuellement et régulièrement des feed-back.
- Assurez-vous qu'il n'y ait pas de malentendu pour savoir celui qui amène le matériel.

(!) Ce qu'il faut retenir

- De la coanimation il peut sortir le pire comme le meilleur.
- La coanimation nécessite une coordination soigneuse des animateurs et un respect mutuel.

Chapitre 14

Le document participant

Il est plus difficile de faire le livret de l'élève que celui du maître.

128 Qu'est-ce que le document participant ?

Le document participant est le document que remet l'animateur à ses participants, avant, pendant ou après son animation.

Il est désigné sous des noms variés : classeur participant, aide-mémoire, document de synthèse, livret, guide du participant, mémento…

Est-il indispensable ? Non, on peut très bien réussir une animation sans document participant. Pourtant, s'il n'est pas indispensable, le document participant présente de nombreux avantages.

– Dans la préparation, il vous oblige à structurer votre animation.
– Il structure et allège la prise de notes des participants et les rend par conséquent plus disponibles pour vous écouter.
– Il laisse une trace de l'animation, ce qui rassure toujours votre client soucieux de valoriser en interne l'action engagée sous sa responsabilité. Dans une prestation immatérielle comme l'animation, votre client a besoin de se raccrocher à du palpable ; le document participant y contribue (d'autres documents peuvent être présentés : la trame, l'étude de cas, les jeux de rôle, les visuels...).
– Il peut servir d'outil de travail après une formation (par exemple, utilisé comme mode d'emploi).

129 Différence entre visuel et document participant

Visuel	Document participant
• Montré un par un à tous les participants en même temps. • Propriété de l'animateur. • Il existe de nombreux types de visuels écrit ou autre (Chapitre 7).	• Un seul document remis individuellement à chaque participant. • Propriété du participant. • Document participant = support écrit.

130 Quand distribuer le document participant ?

Cette question est un éternel débat en pédagogie et chaque animateur a un avis bien tranché sur la question.

L'opinion qui prévaut est la suivante : il faut donner le document participant le plus tard possible, sinon les participants se plongent dedans et n'écoutent plus l'animateur.

Personnellement, je pense que si les participants trouvent plus d'intérêt à se plonger dans un document plutôt que d'écouter l'animateur, c'est que ce dernier a un sérieux problème d'existence **[14]** face à son groupe. D'autre part, se méfier de son groupe en le considérant comme une menace potentielle sur le bon déroulement de son animation ne me semble pas constituer l'attitude la plus productive en animation. Enfin, l'idée sous-jacente, selon laquelle la remise finale du document participant récompense l'assiduité des présents et pénalise les malotrus qui ont déserté avant la fin, témoigne d'une relation pour le moins curieuse avec son public. Dans cette vision, le document participant symbolise le pouvoir : dès que l'enseignant s'en est démis, il a perdu son pouvoir au profit des élèves. Or raisonner en terme de pouvoir est antinomique avec le concept même d'animation **[65]**.

Plutôt que de savoir dans l'absolu quand il faut distribuer le document participant, il est préférable de vous interroger sur la nature et la finalité de ce document.

S'il s'agit d'un aide-mémoire qui a pour but d'ancrer des messages clefs, il va de soi que l'impact de la distribution sera maximal en fin d'animation.

Si à l'inverse, votre document reprend une copie du jeu de transparents de votre présentation, vos participants vous seront reconnaissants de leur distribuer au début de votre présentation. Ainsi, vous faciliterez leur prise de notes et ils seront plus disponibles pour vous écouter.

Si votre document participant contient des apports, il sera judicieux de le distribuer au moment où vous ferez ces apports.

C'est à vous de juger du moment le plus opportun.

131 Un exemple de document participant

Lorsque vous avez une présentation à faire comprenant un jeu important de transparents, vous pouvez utilement en remettre une copie en guise de document participant.

Les participants complètent individuellement leur copie des transparents en notant les commentaires qui les intéressent au fur et à mesure de votre présentation.

Ceci est particulièrement facile à réaliser avec les logiciels de PréAO (par exemple : utilisation de la commande « page de commentaire » sous powerpoint).

.../...

Souvenez-vous qu'un des principes clefs de la conception et de l'animation des visuels consiste à simplifier au maximum, le commentaire oral devant seulement compléter ce qui est écrit (Chapitre 7, Les aides visuelles).

Chaque participant ayant sous les yeux une copie de vos transparents, vous éliminez les problèmes de visibilité liés à la rétroprojection, quelle soit optique ou numérique (luminosité, distance, taille de l'écran...). Si bien que vous pouvez avec un petit auditoire, distribuer et le parcourir avec vos participants en gardant sous les yeux votre propre exemplaire annoté de vos commentaires. Vous voici ainsi affranchi des contraintes de la rétroprojection et à l'abri des défaillances matérielles.

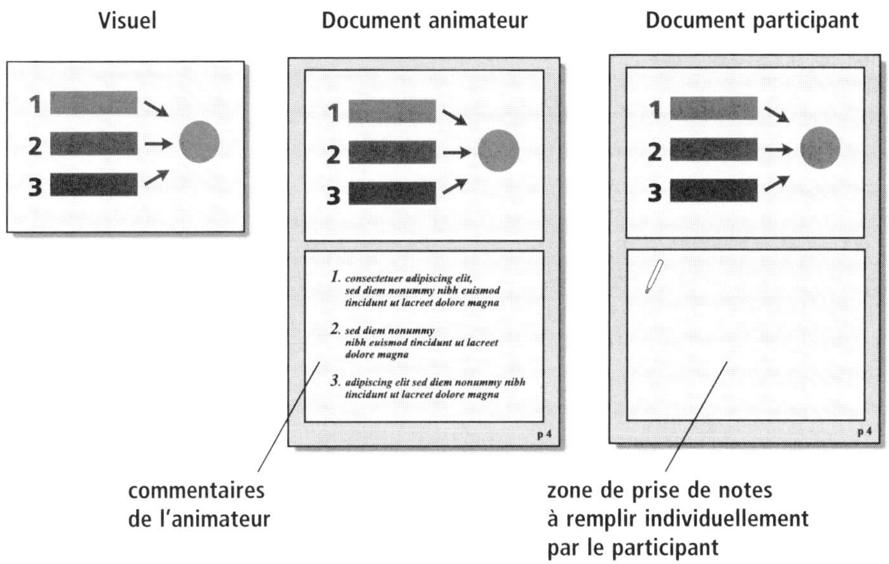

Attention ! En cas d'animation répétée sur une longue période de temps, vous pouvez être amené à faire évoluer votre document participant par mises à jour successives. Votre document animateur risque alors de ne plus être en phase avec le document participant. Relisez soigneusement votre document animateur pour éviter les incidents, comme par exemple faire référence à une page qui a été supprimée.

132 *Gestion des stocks*

Dans le cadre d'une formation à grande échelle s'étendant sur une année ou plus, le document participant, dans un souci d'économie et de logistique, est souvent tiré d'office au nombre total et définitif d'exemplaires.

.../...

Cette attitude bien compréhensible est hélas souvent source de déboires.

Tout d'abord, quelle que soit la qualité de la relecture, l'expérience montre que des erreurs ou des coquilles sont toujours présentes. En tirant l'intégralité des exemplaires, vous vous privez de la possibilité de corrections. Là n'est pas le plus important. Vous pouvez parer à cet inconvénient en utilisant des classeurs, il suffira de changer les pages concernées.

Le plus gênant porte sur le fond. En effet, la formation va forcément évoluer au cours du temps et confronter l'animateur à un dilemme :

– ne plus utiliser le document participant, rompant ainsi l'homogénéité de la formation.

– utiliser un document participant déconnecté de l'animation.

Plusieurs facteurs contribuent à la rapide obsolescence d'un document participant.

• Des facteurs propres au client :

– l'actualité de l'entreprise évolue ;

– la formation est élargie à d'autres publics que ceux prévus initialement ;

– l'organisation de l'entreprise change ;

– les priorités se modifient.

• Des facteurs propres aux formateurs :

Une formation est vivante, c'est-à-dire qu'au cours de ses animations successives l'équipe pédagogique aura évolué en fonction de l'expérience acquise. Certains apports seront abandonnés au profit d'autres. La trame elle-même aura évolué, des séquences auront été réaménagées, d'autres supprimées et ajoutées. Loin de constituer des caprices ou des coquetteries, ces aménagements sont nécessaires pour conserver une dynamique d'animation. Ils sont la preuve que la formation vit et que les formateurs s'impliquent.

133 *Varier les formats*

Le format A4 est devenu un standard de la papeterie d'entreprise.

N'hésitez pas à changer de format ! Un miniguide au format A5 (demi-feuille A4) par exemple, surprendra les participants et le rendra plus ergonomique qu'un classeur qui finira sur une étagère.

Autant joindre l'utile à l'agréable, le format A5 présente un avantage secondaire non négligeable pour les animateurs devant acheminer eux-mêmes leurs documents : poids et encombrement réduits de moitié.

Vous pouvez aussi avoir recours au format « à l'italienne » (ou paysager). Bref, n'hésitez pas à innover sur la forme... À condition que cela serve le fond.

134 Restons modestes

J'avais mis beaucoup de soin et passé beaucoup de temps à confectionner ce livret participant. Et ma foi, je n'étais pas mécontent du résultat.

Aussi lorsqu'une participante me dit qu'elle trouvait son livret remarquable, mon amour propre fut agréablement caressé ; « *Qu'est-ce qui vous plaît dans ce livret ?* » lui demandais-je, dans l'espoir de recueillir quelque information sur l'impact des contenus ou sur l'agencement du livret qui me permettrait d'en tirer d'utiles enseignements.

« *Oh, la qualité du papier est remarquable !* » s'exclama-t-elle, en caressant d'un doigt expert une feuille.

135 Erreurs les plus fréquentes à éviter

- Absence de sommaire : l'animateur et les participants perdent du temps à rechercher une page.
- Absence de numérotation des pages : idem.
- L'absence d'homogénéité du document sur la forme : polices, mise en page, taille des caractères, style différents… Sur le fond : les informations ne sont pas de même nature, certains apports sont contradictoires, il y a des répétitions (attention aux copier-coller fâcheux : des blocs de texte ou des illustrations se retrouvent dupliqués par mégarde).
- Manque de solidité : un document participant doit être manipulé et servir de support de prise de notes.
- Manque de lisibilité : le grisé et les ombres sont mal passés à la photocopieuse/le texte a été amputé par la reliure ou le massicotage.
- Absence de structuration : le document participant ne doit pas être un fourre-tout, mais structuré de manière cohérente par rapport à la trame d'animation.
- Les fautes d'orthographe, le jargon.
- Le pavé : un document participant n'est pas un livre.

136 Conseils pratiques

- Dans la conception de votre document, pensez à laisser une marge suffisante pour que la reliure n'ampute pas le texte ou les illustrations.
- Lors de votre démarrage (Chapitre 3) annoncez s'il y aura ou non un document participant. Précisez aussi son utilité : résumé des principaux apports/support de prise de notes/outil pour l'action...

.../...

- Avant de distribuer le document participant, prenez-en un exemplaire et présentez-le au groupe en précisant comment l'utiliser lors de l'animation.
- Faites personnaliser par chaque participant son document participant : cela évitera les pertes et les confusions (un participant prenant ses notes sur un document qui n'est pas le sien par exemple). Lors des travaux en sous-groupes, les participants sont amenés à changer de place fréquemment, ce qui constitue autant d'occasions d'erreurs.
- Lorsque vous animez une séquence, indiquez si ce que vous dites est repris ou non dans le document participant. Si oui, précisez la page.
- Si votre document participant est succinct et qu'il comprend vos messages clefs, il peut servir à votre conclusion. Il s'agit alors de le relire en le commentant avec vos participants.
- Ayez toujours avec vous, par sécurité, 2 ou 3 exemplaires de plus que le nombre prévu de participants.
- Pour éviter les temps morts et les erreurs, distribuez vous-même les documents plutôt que de les faire circuler parmi les participants.
- Pour être écouté, ne parlez pas en distribuant le document ; parlez avant ou après.

Ce qu'il faut retenir

- Vérifiez la qualité de votre document participant.
- Annoncez en début d'animation si vous distribuez un document participant.

CHAPITRE 15

LES CARTES RÉPONSES

« Ce qui est simple est faux, ce qui est compliqué est inutilisable. »
Paul Valery

137 Qu'est-ce que la méthode des cartes réponses ?

Les cartes réponses est une méthode d'animation qui s'appuie sur l'écrit à l'aide d'un matériel spécifique. Il s'agit d'une variante du recueil (Chapitre 12 « Le recueil »).

Elle est particulièrement adaptée aux groupes de travail (voir les différents types d'animation, Chapitre 1 « Qu'est-ce que l'animation ? »).

Une séquence de cartes réponses s'articule de la manière suivante :

- Vous posez une question ouverte au groupe ou vous lui demandez de réagir par rapport à une affirmation. Les participants répondent par écrit à l'aide de cartes prévues à cet effet.
- Vous ramassez les cartes et les affichez en les réorganisant sur un panneau ; vous les enrichissez par les commentaires des participants.
- Enfin, vous hiérarchisez et dégagez les priorités avec l'aide des participants les idées exprimées.

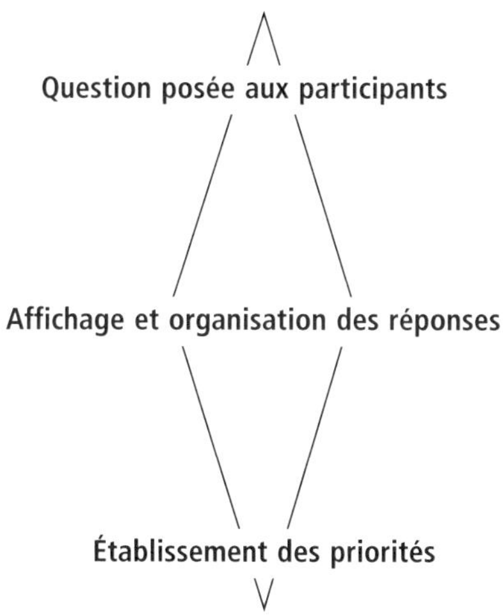

138 Quel est l'intérêt de la méthode des cartes réponses ?

➤ **Pour vous animateur, la production est plus riche car:**

- Vos participants ne s'influencent pas mutuellement (paradoxalement, l'écrit apporte plus de spontanéité que l'oral).
- Ils sont obligés de synthétiser leurs idées.
- Tous s'expriment, y compris ceux qui ont naturellement tendance à se mettre en retrait.

➤ **Pour vos participants:**

- L'animateur est obligé de préparer.
- Chacun est sûr de pouvoir s'exprimer.
- Il est facile de prendre connaissance des idées des autres dans un minimum de temps.
- L'avancement du travail se matérialise sous leurs yeux.

139 Le matériel nécessaire

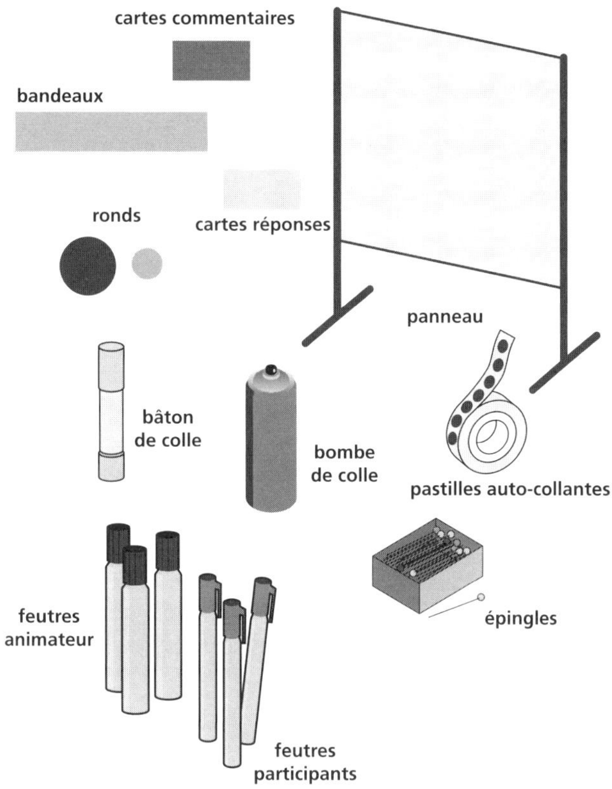

140 Déroulement d'une séquence type

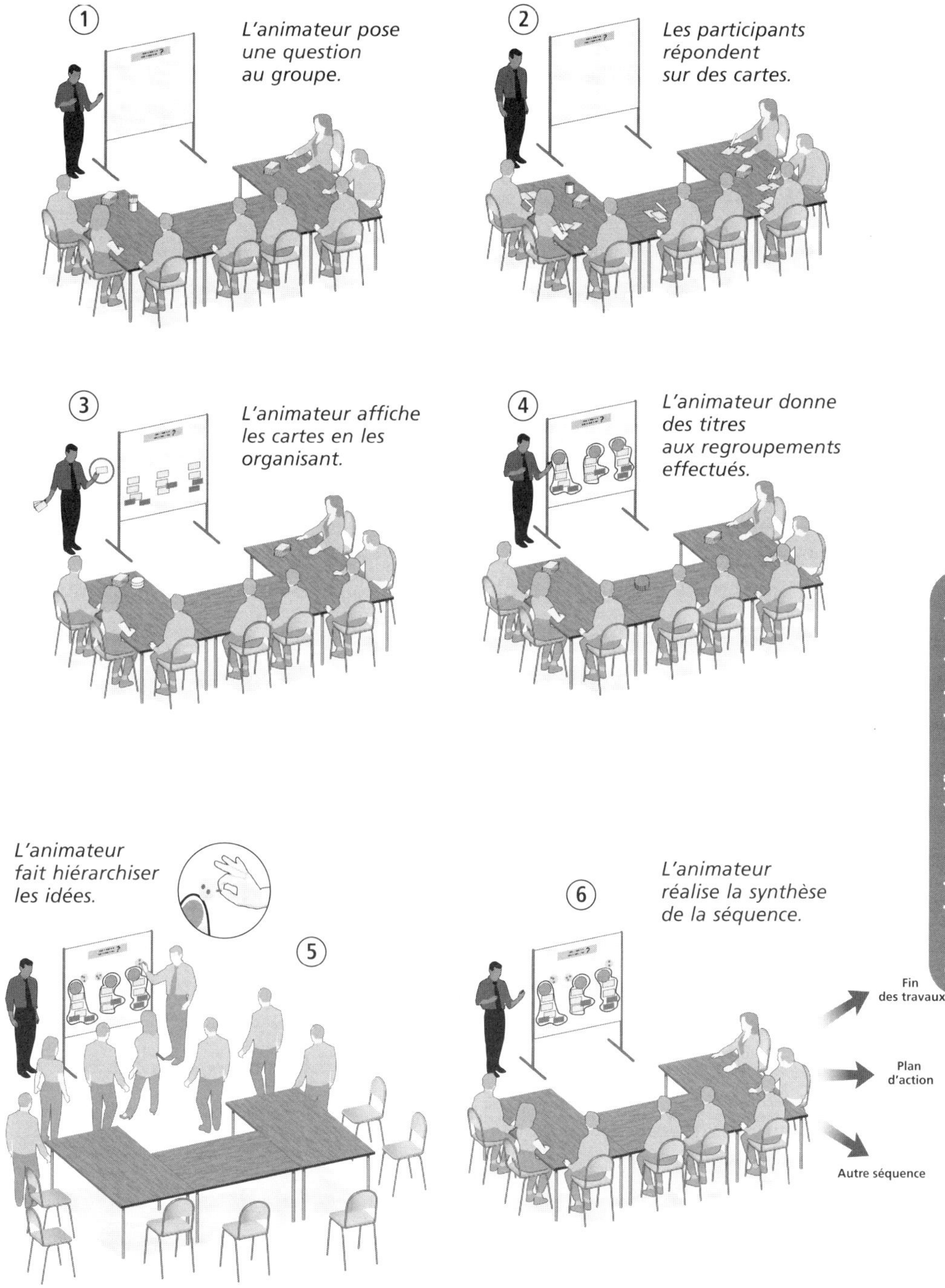

141 1/ L'animateur pose une question au groupe

Préalablement à cette séquence, vous avez installé votre matériel et votre salle. Vous avez d'autre part présenté la méthode à vos participants si ceux-ci ne la connaissent pas. Si tel est le cas, les participants ne manqueront pas d'être étonnés par la présence du panneau, des marqueurs et des cartes disposées devant eux. Il est donc essentiel de leur présenter les règles du jeu :

- une seule idée par carte (sinon il sera impossible de regrouper les idées par thème).
- 10 mots maximum sur 3 lignes (les idées doivent être exprimées synthétiquement).
- écrire horizontalement et lisiblement au marqueur (les cartes doivent être lisibles à distance).
- pas de mots isolés (pas assez explicites et sujets à interprétation, ils font perdre du temps).
- les commentaires sur une carte sont limités à 30 secondes.

Après vous être assuré que tout le monde a compris, affichez votre question préalablement écrite sur un bandeau en la lisant à haute voix.

Une variante consiste, préalablement à la question, à faire réagir l'assistance par rapport à une affirmation appelée « déclencheur ». Les participants à l'aide d'une pastille autocollante viennent voter sur une échelle d'adhésion **[147]**. L'animateur les invite ensuite à expliciter les raisons de leur vote sur des cartes.

142 2/ Les participants répondent sur des cartes

Il est souvent nécessaire de limiter le nombre de cartes par participant. Gardez en mémoire qu'**un panneau contient en moyenne 30 cartes.**

Un moyen efficace de limiter le nombre de cartes, tout en enrichissant la production, consiste à grouper les participants. Par exemple, plutôt que d'attribuer 2 cartes à chacun des 12 participants, attribuez 6 cartes à 4 équipes de 3 participants. Ainsi, si individuellement les participants avaient chacun répondu la même chose, ils n'écrivent en équipe qu'une seule carte correspondant à cette réponse.

Prenez soin d'indiquer le temps accordé (10 minutes maximun). Pour être réussie, une animation cartes réponses doit être enlevée.

Ramassez les cartes au fur et à mesure que les participants les remplissent. Ainsi, vous prenez connaissance de la tendance des réponses et commencez à réfléchir aux regroupements que vous allez pouvoir effectuer. Lorsque le délai est écoulé, ramassez les dernières cartes.

143 3/ L'animateur affiche les cartes en les organisant

Les choses sérieuses commencent !

Affichez les cartes une à une en les montrant au groupe et en les lisant à haute voix.

Regroupez-les au fur et à mesure selon les thèmes communs.

La difficulté de l'exercice consiste à faire preuve d'esprit de synthèse tout en ayant le nez collé sur le panneau, ce qui ne facilite évidemment pas une vision d'ensemble.

Pour relever ce défi, appuyez-vous sur votre groupe. L'exercice d'affichage et de regroupement des cartes est un exercice collectif. N'hésitez pas à interpeller votre groupe : *« et cette carte où la met-on ? »*.

Lors de l'affichage des réponses, deux situations sont fréquentes : vous ne comprenez pas la réponse, des participants manifestent leur désaccord sur une réponse.

Dans le premier cas, demandez comment vous devez comprendre la carte. Si personne ne se manifeste, classez-la comme vous l'entendez. Si des précisions sont apportées par son auteur, prenez-les en note sur une carte commentaire.

Dans le deuxième cas, vous n'avez pas à prendre parti, enregistrez les commentaires à l'aide d'une carte commentaire que vous collez à côté de la carte.

Lors de cette phase, assurez-vous de l'accord de votre groupe sur les regroupements effectués et n'excluez aucune carte, même la plus farfelue.

144 4/ L'animateur donne des titres aux regroupements effectués

Après avoir regroupé les cartes et les cartes commentaires qui s'y rapportent en différents ensembles, vous devez maintenant donner un titre à chacun de ces ensembles.

Pour cela, servez-vous des ronds. C'est la phase finale de la synthèse. Vous devez résumer, en un mot ou une phrase, l'ensemble des idées exprimées par les cartes contenues dans l'ensemble.

Cette phase est d'autant moins évidente qu'elle doit être percutante au moment où le groupe et vous-même présentez des signes d'essoufflement. Une fois les titres validés par le groupe, inscrivez-les dans les ronds que vous affichez sur le panneau.

Pour apporter une touche esthétique finale à l'ensemble, entourez chaque ensemble et son titre par un trait tiré avec un gros marqueur. Pour faciliter la lecture du panneau et renforcer son impact visuel, utilisez des feutres de couleurs différentes pour encadrer les différents ensembles.

145 *5/ L'animateur fait hiérarchiser les idées*

Une fois les regroupements de cartes et les titrages effectués, faites hiérarchiser les idées exprimées.

Pour ce faire, placez autour de chaque titrage un petit rond vierge qui fait office d'urne. Distribuez ensuite un nombre défini de pastilles autocollantes à chaque participant en leur expliquant les consignes de vote. Par exemple : « *vous avez dégagé huit pistes d'amélioration, parmi ces pistes, quelles sont celles que vous jugez prioritaires ? Pour ce faire, je vous donne à chacun 3 pastilles que vous répartirez comme bon vous semble dans les urnes correspondantes. Si vous le souhaitez, vous pouvez coller vos 3 pastilles dans la même urne* ».

Après vous être assuré que tout le monde a compris et avoir laissé quelques secondes de réflexion, invitez vos participants à tous venir voter en même temps.

À l'issue du vote, comptabilisez les pastilles et faites ressortir les thèmes prioritaires.

146 *6/ L'animateur réalise la synthèse de la séquence*

C'est l'instant où le groupe va pouvoir mesurer l'efficacité de sa production en visualisant le travail accompli. Résumez brièvement la séquence, par exemple :

« À la question « *Quelles sont à mes yeux les 3 principales faiblesses de l'entreprise ?* », vous avez répondu... (relisez les titres en commentant brièvement les échanges). « *Sur la question de... On a pu constater que les avis étaient particulièrement contrastés alors que se dégageait un consensus sur le thème de... Par rapport à ces réponses, vous avez identifié 3 axes d'actions prioritaires qui sont...* » (vous les énumérez).

Si l'objectif initial est atteint, alors la séquence est terminée, il reste à plier le chapiteau ou à enchaîner sur la séquence suivante. Cette séquence suivante peut s'inscrire dans le prolongement du travail effectué : approfondissement du thème, élaboration d'un plan d'action, présentation des réponses d'un autre groupe sur ce thème...

Trop souvent, les séquences cartes réponses sont molles parce qu'il n'y a pas de phase de synthèse ou bien parce que cette synthèse est tellement pauvre qu'elle remet en cause l'utilité même de la séquence.

147 *L'échelle d'adhésion*

Une manière de démarrer une séquence cartes réponses consiste à faire réagir les participants par rapport à une phrase appelée « déclencheur ». Chacun, en votant à l'aide d'une pastille autocollante indique son degré d'adhésion par rapport à la phrase proposée.

.../...

Voici plusieurs exemples d'échelles d'adhésion. Elles ont en commun le fait de proposer 4 cases, de manière à éviter le vote central qu'attire infailliblement une échelle impaire, la majorité s'empressant de coller sa pastille autocollante dans la case du milieu. Le vote s'effectue simultanément et anonymement par tous les participants. Ceci n'est pas parfois sans générer une sympathique cohue devant le panneau. A vous d'insister pour que le vote soit le résultat d'un choix dicté par l'opinion du votant et non influencé par le positionnement des pastilles des autres votants.

4 exemples d'échelles d'adhésion

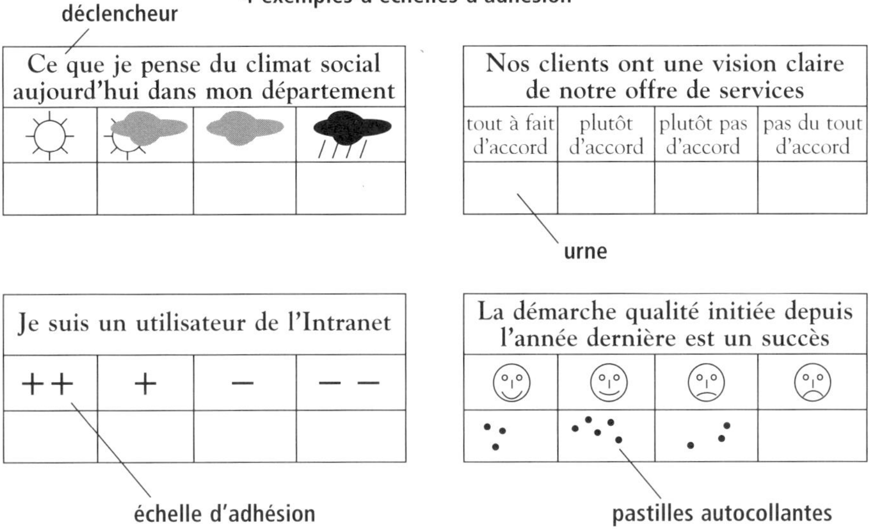

148 *La question orale*

Ce ne sont pas toujours les participants qui remplissent les cartes. Lorsque l'animateur procède par « question orale », c'est lui-même qui écrit les réponses ou les réactions des participants sur des cartes qu'il colle sur le panneau. Cette technique peut se révéler payante avec un animateur ayant un sens aigu de la reformulation et de la synthèse. Il est toutefois difficile pour ce dernier (à moins qu'il n'agisse délibérément) de résister à la tentation de ne prendre en compte que les réactions qui l'arrangent au détriment des autres.

À l'inverse, quel intérêt y a-t-il à noter systématiquement des réactions peu représentatives ou à faible valeur ajoutée ? Quels seront les critères de cette partialité ? Pourquoi l'animateur note-t-il la réaction de Dupont et non celle de Durand ? La technique de la question orale fournit, à juste titre il faut le reconnaître, des arguments aux adversaires des cartes réponses qui l'accusent d'être une méthode manipulatrice.

149 Le compte-rendu

Lorsque la séquence est finie, vous pouvez photographier votre panneau. Cela permet de garder une trace vivante de la séquence. Trop souvent hélas, des animateurs peu scrupuleux ou pressés considérent ces photos comme des compte-rendus. Si les photos des panneaux couverts de cartes fournissent des illustrations vivantes, un compte-rendu digne de ce nom ne se résume pas à un album photo.

150 Post-it

Si vous disposez d'un petit groupe et de peu de moyens matériels, l'utilisation d'un paper-board et de post-it s'avère un heureux substitut à l'encombrant matériel nécessaire.

Les cartes sont remplacées par des post-it rectangulaires et les ronds par des post-it carrés. Vous pouvez vous procurer facilement dans une papeterie des pastilles autocollantes.

151 Le scribe

Lorsque vous animez avec la méthode des cartes réponses, vous faites souvent office d'homme orchestre. Vous affichez les cartes, vous les regroupez, notez des commentaires que vous affichez, recollez les cartes qui se détachent du panneau, remplissez les ronds de synthèse...tout en restant bien évidemment l'esprit ouvert et disponible aux commentaires des participants, et en conservant en même temps un œil sur votre montre… l'opération n'est pas toujours facile !

C'est pourquoi, très souvent, l'animateur a recours à un scribe qui peut être soit un participant, soit un coanimateur **[120]**. Le rôle du scribe est de servir de secrétaire à l'animateur, de noter rapidement les phrases que celui-ci lui dicte d'un geste puis de lui tendre la carte correspondante de manière à ce que l'animateur l'affiche sur le panneau. L'animateur doit donner un signal sans équivoque sur les phrases à écrire par son scribe pour que ce dernier puisse lui fournir les cartes souhaitées.

La tache du scribe est ingrate mais très utile. Si le scribe est un participant, demandez-lui avant la séquence si il veut bien vous aider. Expliquez lui l'importance de son rôle en le valorisant afin qu'il n'ait pas le sentiment d'être un participant de second plan.

152 Les cartes réponses : l'outil et la méthode

Il convient de distinguer entre la **méthode** d'animation [**137**] et l'**outil** d'animation (le panneau et les cartes). En effet si la méthode cartes réponses a les inconvénients et les avantages d'une méthode d'animation très structurée, l'utilisation des supports est quant à elle très souple.

L'utilisation des panneaux et des cartes peut s'avérer très fructueuse lors d'une présentation. Vous préparez votre panneau en remplissant à l'avance vos cartes et vos bandeaux. Vous les collez à l'envers sur le panneau de manière à ce que les participants ne voient que des cartes vierges affichées sur le panneau.

C'est vous qui retournez les cartes au fur et à mesure de votre exposé. Cette méthode de présentation peut d'ailleurs être employée pour présenter la méthode cartes réponses elle même.

Les avantages de cette façon de faire sont multiples :

- Vous dynamisez votre présentation en créant du mouvement.
- Vous pouvez présenter un grand nombre d'informations sur une même surface (contrairement au transparent ou au paper).
- Le panneau présenté est propre, net et synthétique. Sa compréhension en est facilitée si vous savez jouer habilement des couleurs.
- Vous avez toute votre présentation sous les yeux ; vous êtes sûr de ne rien oublier.
- Vous pouvez, en ajoutant des cartes avec des commentaires, prendre en compte par écrit les réactions des participants sans modifier vos supports qui restent ainsi réutilisables (contrairement au transparent ou au paper).
- Votre présentation peut être facilement renouvelée, ce qui est très précieux dans le cas d'animations répétitives : le travail de préparation est réalisé une fois pour toutes.

N.B. : vous trouverez dans ce guide des utilisations du panneau et des cartes :

- pour se présenter [**217**].
- pour animer un débat [**158**].
- pour conclure une formation [**26**].

153 Conseils pratiques

- Lorsque vous encollez votre panneau à l'aide de la bombe de colle, commencez par le bas et finissez par le haut. Cela vous évitera de respirer trop de colle. En effet, si vous commencez par le haut, la colle en suspension retombe sur vous au fur et à mesure de l'opération.
- Lorsque vous collez les cartes sur le panneau, procédez « en escargot », c'est-à-dire collez les premiers cartons au centre puis les suivants en spirale. C'est ainsi que vous optimiserez l'utilisation de l'espace sur le panneau.

.../...

- Plantez toujours une quinzaine d'épingles dans le haut du panneau, vous serez ainsi toujours sûr d'en avoir sous la main pour refixer une carte qui s'est décollée.
- Si vous n'avez plus de pastilles autocollantes, demandez aux participants de faire un point avec leur marqueur.
- Ramassez les cartes au fur et à mesure que les participants les remplissent. Ceci vous permettra d'en prendre connaissance et de réfléchir à votre synthèse.
- Lors de l'affichage des premières cartes, si l'une d'elles vous pose problème, mettez-la en dernier. Vous éviterez ainsi de vous trouver bloqué en début de séquence, ce qui est toujours très difficile à rattraper.
- Si beaucoup de cartes sont identiques et que vous manquez de place, superposez les cartes en les décalant légèrement.
- Profitez des pauses pour arranger vos panneaux et soigner leur présentation.
- Entraînez-vous à présenter clairement et brièvement l'utilisation des cartes.

(!) Ce qu'il faut retenir

- Attachez beaucoup de soin au libellé de vos questions.
- Appuyez-vous sur votre groupe, notamment pour faire valider vos regroupements et vos synthèses.

CHAPITRE 16

LE DÉBAT

« J'attends le démenti pour y croire. »
Talleyrand

154 Qu'est-ce qu'un débat institutionnel ?

Lors des formations institutionnelles, il est fréquent d'organiser un débat avec un invité haut placé dans la hiérarchie de l'entreprise. On parle alors de débat institutionnel par opposition à un débat classique entre participants.

155 Le dîner-débat

La formule du dîner-débat présente plusieurs avantages.

➤ Pour l'invité

- Le débat n'empiète pas sur son agenda et préserve sa journée de travail. Ce paramètre a d'autant plus d'importance que l'opération est appelée à se renouveller fréquemment avec la même personne.
- Il peut prendre connaissance au préalable des questions des participants ainsi que de la « température » du groupe, et réfléchir ainsi aux réponses qu'il apportera, ce qui est difficile à faire en direct auprès de l'animateur.
- Il peut prendre contact avec les participants de manière informelle, par exemple lors d'un apéritif.

➤ Pour les participants

- L'échange gagne en convivialité.
- Ils peuvent se détendre pendant le temps qui sépare le dîner de la fin de la journée de travail.

➤ Pour l'animateur

- Vous avez le temps de cadrer le débat avec l'invité qui est désireux de savoir « comment ça se passe » et de lui communiquer au préalable les questions des participants, en les lui commentant si nécessaire.
- Vous avez le temps de préparer quelques réflexions inspirées de la journée afin de pouvoir relancer le débat si nécessaire. Vos notes vous permettront de ne pas être pris au dépourvu si l'invité vous sollicite lors du débat : « *alors, qu'en pense notre animateur ?* ». Si le cas se produit, exprimez-vous en tant qu'animateur et non en tant qu'individu.

.../...

En outre, la formule du dîner-débat alimente - inconsciemment ? - le mythe du chef proche de ses troupes (Napoléon partageant la soupe des grognards, la poule au pot du bon roi Henri...) dans lequel tout le monde trouve son compte. L'invité se flatte, malgré ses écrasantes responsabilités, de prendre sur son temps libre pour rester proche du terrain (« *voyez comme je fais don de ma personne à l'entreprise* »). De leur côté, les participants savourent déjà l'instant où à la cafétéria, lundi matin, ils laisseront négligemment tomber « *l'autre jour, le Président me disait...* » (« *voyez comme je suis plus proche de l'Olympe que vous ne le pensiez* »). Enfin il n'est jamais inutile pour l'animateur de côtoyer le bon Dieu plutôt que ses saints.

156 Les conditions de succès d'un dîner-débat

Il convient de distinguer la préparation du débat, de son animation proprement dite.

➤ la préparation du débat

- Cadrez tout d'abord au préalable les modalités du débat avec l'invité. Quels sont les thèmes sur lesquels il souhaite particulièrement s'exprimer ? Souhaite-il faire un exposé ou réagir à des questions ? Qu'attend-il de ce débat ?

  Il est important que votre invité ait d'autre part en tête les grandes lignes du séminaire, de manière à ce qu'il situe son intervention dans le canevas de la session.
- Veillez aussi aux aspects logistiques. Si vous êtes en résidentiel, prévoyez un salon privatif pour préserver la confidentialité des échanges. Si les participants sont une dizaine, prévoyez une table ronde ou ovale. S'ils sont plus nombreux, demandez des tables rondes d'une dizaine de convives.

  Lors du démarrage de la session (Chapitre 3 « le démarrage »), n'oubliez pas d'annoncer la venue de l'invité de manière à ne pas prendre vos participants au dépourvu.

➤ L'animation du débat

- Entendez-vous avec l'invité sur l'instant du débat (d'entrée de jeu, au dessert...) et pour savoir qui de vous ou de lui en donne le signal. Cet instant correspond généralement à un léger flottement ; votre rôle consiste alors à mettre tout le monde à l'aise en intervenant lorsque le silence se fait pesant.

157 Le frigo

Dans les formations institutionnelles, il est fréquent que vous soyez confronté à des questions auxquelles vous ne pouvez pas répondre : soit vous n'avez pas la compétence (question très technique ou nécessitant une connaissance approfondie de l'entreprise), soit que vous n'avez pas la légitimité pour le faire (politique de l'entreprise).

La technique du frigo consiste à noter ces questions au fur et à mesure, afin de les conserver jusqu'au dîner-débat où elles seront posées à l'invité.

Vous avez un rôle actif à jouer dans l'utilisation du frigo. Il ne s'agit pas de botter en touche mais d'utiliser un outil d'animation.

Tout d'abord, filtrez les questions. Il ne s'agit pas de censurer le débat mais de le rendre productif. Par exemple, les questions relatives à des situations personnelles sont à proscrire : ce n'est pas le lieu d'en débattre. Les questions de spécialistes sont aussi à évacuer, sauf si l'invité est un expert dans ce domaine. En effet, ce n'est pas le rôle du Président de savoir si la version 4.5.1 de PSpro sera compatible avec le réseau local du 1er étage.

Veillez aussi à reformuler les questions trop directes de manière plus large. Ainsi à la question « y aura-t-il des augmentations de salaires cette année ? », vous noterez au frigo « quelle sera la politique salariale cette année ? ».

Le frigo ne doit pas se transformer en bureau des pleurs ni en cahier de doléances.

158 Les cartes réponses

Dans la préparation d'un débat, vous risquez de vous retrouver avec trop ou pas assez de questions.

L'utilisation des cartes réponses permet de se constituer efficacement et rapidement un frigo.

Lorsqu'une question est exprimée, notez-la sur une carte et affichez-la sur le panneau. En fin de journée, regroupez les questions par thème et faites-les hiérarchiser s'il y a lieu.

Si votre panneau est vide, demandez à chaque participant de remplir une carte avec sa question. Ramassez les cartes, affichez-les et regroupez-les par thème.

Lors du débat lui-même, enlevez les cartes au fur et à mesure que l'invité y a répondu. Cette façon de procéder permet de matérialiser la progression du débat. Cela constitue aussi un bon moyen de rappeler discrétement à l'ordre l'invité qui aurait tendance à se disperser ou à trop longtemps s'attarder sur une question.

159 *Mon avis*

Le débat institutionnel constitue de plus en plus souvent une figure imposée des formations institutionnelles. Certains y voient un exercice totalement artificiel, les vraies réponses n'étant jamais abordées : soit la personne n'a pas la réponse (que deviendra notre entreprise dans 2 ans ?), soit elle ne peut, ou ne veut, la donner (qui fera partie du prochain plan social ?).

D'autres y voient une version modernisée du paternalisme d'antan.

Le dîner-débat apparaît alors comme une corvée qu'il faut endurer. Ces critiques sont souvent fondées dans la mesure où le débat ne se justifie pas. Toutefois, lorsqu'il est bien préparé avec un invité volontaire et compétent, il peut constituer un véritable levier pour le succès de votre animation.

Enfin, la présence du top management apporte aux participants une marque tangible de reconnaissance. En ces périodes de mondialisation, il est bon de pouvoir mettre un visage sur les dirigeants de nos destinées économiques.

Personnellement, le dîner-débat m'est toujours apparu comme un exercice sans filet pour les dirigeants : le pire y côtoie le meilleur !

160 *Conseils pratiques*

- Mettez votre invité à l'aise, il est souvent plus tendu que les participants.
- Si dans la préparation du débat vos participants sont intimidés et que vous souhaitez encourager la libre expression, annoncez que c'est vous qui poserez les questions au nom du groupe ; libre à eux d'intervenir dans le cours du débat s'ils le souhaitent.
- Lorsque vous notez une question au frigo, formulez-la de manière précise et explicite de manière à ce que l'invité la comprenne. Une question peut paraître claire lors de sa rédaction, et confuse ultérieurement, lorsque l'on aura changé de sujet et que tout le monde aura oublié le contexte dans lequel cette question est apparue.
- Ne limitez pas le frigo aux questions, il peut aussi servir à faire remonter des messages à l'attention de l'invité.
- Faites valider le contenu du frigo par vos participants.
- Plutôt que de déchirer la feuille des questions et de la scotcher dans la salle de débat, amenez le paper-board sur lequel figure votre frigo, l'invité pourra l'utiliser dans son intervention.
- Si le débat est lancé et productif, n'intervenez pas intempestivement, laissez l'invité et les participants échanger sur des sujets qui leur sont propres.

CE QU'IL FAUT RETENIR

- Préparez le débat avec l'invité.
- Utilisez un frigo pour alimenter le débat le moment venu.

CHAPITRE 17

L'ANIMATION GRAND GROUPE

La progression la plus facile pour le groupe est toujours la plus difficile pour l'animateur.

161 Qu'est-ce que l'animation grand groupe ?

À partir de quand un groupe devient-il grand ? Bien que ce seuil soit par nature subjectif, considérez que plus de 20 personnes constituent un grand groupe.

Mais, plus que le nombre de participants, c'est la nécessité du recours à une technique particulière d'animation qui définit l'animation grand groupe. Cette technique permet de relever un défi : sachant que par nature la participation recquiert de petits groupes, comment concilier méthode participative et multitude ?

L'animation grand groupe consiste à alterner séquences plénières réunissant l'ensemble des participants et ateliers les regroupant par petits groupes (de 10 à 20 maximum).

Ainsi, le seul fait de donner une conférence devant un amphithéâtre de 500 personnes ne constitue pas une animation grand groupe. Parler n'est pas animer.

Une animation grand groupe se caractérise par :
- un coordinateur ;
- une logistique lourde ;
- une équipe d'animateurs ;
- un timing strict.

Exemples d'animations grand groupe :
- une convention annuelle de cadres d'une entreprise ;
- un congrès médical organisé par un laboratoire pharmaceutique ;
- des journées qualité organisées par une direction informatique ;
- l'anniversaire d'une entreprise ;
- une convention rassemblant l'encadrement des entreprises rachetées suite à une fusion ;
- un séminaire de travail rassemblant la force de vente d'un réseau de distribution.

N.B. : En général, les animations grand groupe se déroulent sur une journée et comprennent une partie festive.

162 Un coordinateur

On appelle coordinateur le responsable de l'équipe d'animateurs. C'est lui-même un animateur qui anime le plus souvent tout ou partie de la séance plénière.

Il est donc souhaitable que le coordinateur n'assume pas en plus la charge de l'animation d'un atelier. Il conserve ainsi une vision d'ensemble du déroulement de l'animation.

Son rôle consiste en général à s'assurer du bon déroulement des ateliers, à effectuer la synthèse de ces derniers et à la restituer en plénière dans laquelle il sert de « Mr loyal ». Il doit être aussi à même, en accord avec son client, d'infléchir l'animation en fonction des événements de la journée.

Être coordinateur demande une bonne expérience de l'animation, une aptitude à s'adresser à un public nombreux ainsi que des nerfs solides : un coordinateur qui perd les pédales et c'est la déroute chez les animateurs.

Il arrive parfois que le client fasse appel à un professionnel des médias pour animer les plénières ; un journaliste TV par exemple. Le rôle du coordinateur s'en trouve alors allégé.

163 Une logistique lourde

En raison des effectifs concernés, l'animation grand groupe crée de nombreuses contraintes logistiques que les organisateurs doivent gérer : salles de travail, hébergement, restauration, facilité d'accès, disponibilité des participants et des intervenants...

Le nombre et la taille des salles réservées aux ateliers constitue en général, par leur hétérogénéité, une contrainte difficile à gérer pour les animateurs.

La moindre défaillance logistique peut vite prendre des allures de désastre. Imaginez par exemple, qu'un animateur se retrouve sans salle avec son sous-groupe ou bien qu'il se retrouve sans participants dans sa salle tandis qu'un autre doit refuser du monde ! Tout cela parce que quelqu'un a oublié d'afficher une liste ou un panneau de signalisation.

Il est impératif d'identifier un responsable logistique en liaison permanente avec le coordinateur pour pouvoir faire face aux imprévus qui surgissent nécessairement dans la gestion d'un si grand nombre de personnes.

164 Une équipe d'animateurs

Vous l'avez vu, pour l'animation des ateliers, le coordinateur doit prévoir autour de lui une équipe d'animateurs.

.../...

Deux cas de figure sont envisageables : les ateliers sont tous identiques ou chaque atelier est spécifique (consacré à un thème particulier par exemple).

Quel que soit le dispositif retenu, il importe que chaque animateur soit soigneusement briefé par le coordinateur avant l'animation de son atelier. Il est déterminant pour la réussite de l'animation grand groupe que chaque animateur ait à la fois une vision très précise de ce qui est attendu de son atelier et une vision globale de la journée pour comprendre sa place dans le dispositif.

Chaque animateur devra donc bénéficier d'une trame (Chapitre 6) pour l'animation de son atelier. Dans le cas d'un atelier bref (de 2 h à une demi-journée), il s'agit d'une trame simplifiée au maximum qui peut tenir sur une seule page. Cette simplicité est impérative dans la mesure où l'atelier est très rarement animé par celui qui l'a conçu. D'autre part, l'animateur compte tenu du peu de temps qui lui est imparti n'aura pas le temps de se rattraper en cas de ratage. La trame doit donc faciliter son animation.

Un briefing des animateurs doit avoir lieu le plus en amont possible du jour J afin de leur permettre d'assimiler la trame et le contexte de la journée.

165 *Un timing strict*

Une des difficultés de l'animation grand groupe réside dans le respect du timing.

Il faut tout d'abord avoir en tête que le nombre de personnes ralentit considérablement les mouvements. 500 personnes ne quittent pas une salle ni ne rejoignent l'atelier qui leur est proposé en 5 minutes. C'est encore plus vrai si les salles de sous-groupes sont éloignées et dispersées. Ceci a une conséquence très concrète : les animateurs peuvent facilement prendre 20 minutes de retard sur le temps imparti pour leur atelier, sans qu'ils n'y puissent rien.

Il convient aussi d'être raisonnable pour l'estimation du temps nécessaire à la restauration d'un nombre important de convives.

Une autre contrainte liée à la gestion du temps repose sur la nécessité pour le coordinateur d'effectuer la synthèse des travaux réalisés en atelier avant la plénière de restitution. Il s'agit souvent d'une course contre la montre qui empêche les animateurs de se restaurer et de souffler !

166 *Déroulé type d'une animation grand groupe*

① Accueil des participants

② Plénière

③ Ateliers

④ Plénière

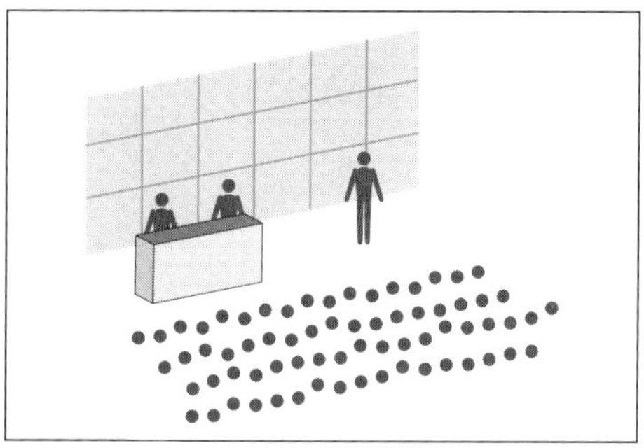

N.B. : On peut très bien concevoir que la journée démarre par les ateliers. En ce cas, la phase 2 est supprimée.

167 1/ L'accueil des participants

En général, c'est un personnel spécialisé qui a en charge l'accueil des participants (personnel de l'hôtel ou agence de communication).

Sa mission consiste à les acheminer à l'heure dite en plénière. Un dossier est remis à chaque participant à son arrivée. Il est primordial que le nom et le lieu de l'atelier auxquel chaque participant est affecté soit très clairement indiqué pour éviter tout flottement.

Pendant ce temps, les animateurs sont en train de vérifier leur salle d'atelier et de relire leur trame. Si tout ceci a été fait la veille, ils peuvent assister à la plénière.

168 2/ Plénière

Après les traditionnels mots de bienvenue prononcés par le client, le coordinateur rappelle le déroulement de la journée et le travail en ateliers. Ensuite, la séance peut démarrer, par exemple par un exposé.

À la fin de cette plénière, le coordinateur prend la parole, après s'être présenté si ce n'est déjà fait, pour inviter les participants à rejoindre leurs ateliers respectifs en les nommant ex « *salon rouge matériaux composites, salon bleu fibres optiques, etc.* » Il indique le timing et l'heure à laquelle tout le monde doit se retrouver en plénière. Son intervention doit être brève (5 minutes max.), dynamique et très claire : elle ne doit donner lieu à aucune question et se conclure par le départ des participants pour rejoindre leurs ateliers respectifs.

169 3/ Travail en atelier

Chaque animateur anime son atelier. Sur des sujets techniques, il arrive souvent que le client délègue un expert compétent pour l'épauler. Malheureusement, l'expérience montre que ces coanimateurs, souvent désignés d'office et peu soucieux de préparation, constituent plus souvent un frein qu'une aide à l'animation.

Pour gérer cette personne, reportez-vous au Chapitre13 la coanimation.

Chaque animateur doit impérativement respecter son timing sinon c'est la plénière qui se trouve retardée.

170 4/ Plénière

À l'issue des ateliers, tandis que les participants se rassemblent en plénière, les animateurs font chacun rapidement la synthèse de leur atelier. Puis ils se retrouvent ensemble dans une salle à part pour faire la synthèse des synthèses sous la direction du coordinateur.

.../...

Cette synthèse est ensuite restituée par le coordinateur. Il gagnera à utiliser quelques visuels s'il en a le temps. (Chapitre 7, les aides visuelles).

Cette restitution en plénière peut initier un débat à partir des réactions des participants / du client / d'experts ou d'invités présents.

171 Mise en scène

Il est fréquent de recourir dans les animations grand groupe à des comédiens. Ces derniers interprètent un sketch humoristique illustrant tout ou partie des débats de la journée.

L'impact de ce type d'intervention est très difficile à anticiper. On peut en espérer le meilleur et s'attendre au pire. De peur que l'humour ne tourne à la dérision, le client tombe dans un travers classique qui consiste à tellement édulcorer le sketch qu'il en devient insipide et qu'il perd tout intérêt.

172 La règle d'or

Une animation grand groupe est une machinerie lourde. Sa réussite passe par le respect d'une règle d'or : ne pas improviser.

Chacun – intervenants, coordinateur, animateurs – doit être discipliné et respecter scrupuleusement sa partition. L'improvisation doit être bannie.

Ceci ne veut pas dire que toute souplesse est exclue. Le coordinateur peut, en accord avec son client, prévoir 2 scénarios en fonction de la production des ateliers par exemple.

Voilà que le PDG au lieu de son intervention de 10 minutes, se lance dans de grandes tirades dont, 1/2 heure plus tard, on n'aperçoit toujours pas la fin. À moins qu'il ne décide en accord avec lui-même d'improviser un débat avec la salle… Pauvre coordinateur, plus les intervenants ont du galon moins ils sont maîtrisables.

173 Ateliers cartes réponses

La méthode des cartes réponses peut s'avérer particulièrement adaptée aux ateliers d'une animation grand groupe. Elle facilite grandement la restitution de la production.

Une variante intéressante consiste à prévoir une « salle des pas perdus » dans laquelle seront présentés les panneaux des ateliers. Ainsi les participants peuvent prendre connaissance par eux-mêmes de la production de l'ensemble des ateliers.

…/…

Dans la phase de préparation, le coordinateur aura bien précisé à ses animateurs la forme souhaitée pour la restitution de leur atelier : chaque animateur peut être libre d'agencer son panneau comme bon lui semble ou les animateurs s'accordent sur une présentation commune. Un compromis doit être trouvé entre créativité et homogénéité.

Dans la salle des pas perdus, chaque animateur peut rester auprès de son panneau pour le commenter aux personnes intéressées des autres ateliers.

174 *2 types d'atelier*

Dans une animation grand groupe, on peut prévoir des ateliers de travail qui ont pour but de fournir une production sur un thème donné. C'est le cas le plus fréquent.

On peut concevoir un autre type d'atelier dans lequel les participants ne produisent pas mais sont en apprentissage. Dans ce dernier cas, la synthèse du coordinateur ne consiste pas à résumer la production des ateliers mais plutôt à communiquer les réactions des participants par rapport aux apports qu'ils ont reçus.

Il est souhaitable dans tous les cas que chaque animateur procède à la fin de son atelier à une mini-évaluation.

175 *Ateliers tournants*

Dans certains types d'animation grand groupe, les organisateurs peuvent souhaiter que l'ensemble des ateliers soit suivis par tous les participants. Ceci bien sûr, réduit le nombre d'ateliers. Par exemple, le matin, les participants participent à un atelier portant sur un thème technique et l'après-midi ils participent à un atelier sur les techniques de management.

176 *Conseils pratiques au coordinateur*

- Il est rare que les salles affectées aux ateliers soient de qualité équivalente. Affectez d'office vos animateurs les plus expérimentés dans les salles les plus difficiles : exiguïté, éloignement, luminosité…
- Pour réussir les synthèses des ateliers, soyez parfaitement clair vis-à-vis de vos animateurs sur 3 points : **heure** à laquelle tous les animateurs doivent se retrouver à l'issue des ateliers, **lieu** de rassemblement, **informations à ramener** des ateliers par chaque animateur.
- Arrivez systématiquement la veille sur les lieux.
- Visitez ou faites visiter par un de vos animateurs toutes les salles dont vous vous assurerez que chaque animateur aura la clef de sa salle à son arrivée.
- Désignez une personne pour s'occuper exclusivement des aspects …/…

logistiques relatifs à l'animation : matériel, documents à distribuer, feuilles de présence...

- Soyez toujours joignable : par votre client, par le responsable logistique des lieux, par vos animateurs.
- Faites répéter sur les lieux les différents intervenants en situation (son, éclairage...).
- Tenez-vous à ce qui a été décidé, n'improvisez pas à la dernière minute sans quoi vous perdriez toute prise sur l'événement.
- Prévoyez toujours un scénario de repli.
- Gardez votre sang froid et votre bonne humeur en toute circonstance, vos animateurs en ont besoin pour être efficaces.

CE QU'IL FAUT RETENIR

- Pas d'improvisation.
- Apportez un soin extrême à la logistique.
- Le coordinateur est l'élément clef du dispositif.

CHAPITRE 18

LE JEU DE RÔLE

En matière relationnelle, il n'y a pas de place pour la vérité.

177 *Qu'est-ce qu'un jeu de rôle ?*

Un jeu de rôle est un exercice qui consiste à simuler une situation jouée par des participants (les **protagonistes**) à partir de consignes données par l'**animateur** sous le regard d'autres participants (les **observateurs**).

178 *À quoi sert un jeu de rôle ?*

Utilisé à bon escient, le jeu de rôle constitue un outil pédagogique très riche.

➤ **Il permet à vos protagonistes:**

– de se voir avec le regard de l'autre et prendre ainsi conscience de leurs points forts et faibles (diagnostic) ;
– de recevoir de votre part et de celle des observateurs un avis personnalisé (conseil) ;
– de mettre en pratique des comportements (entraînement).

➤ **Il permet à vos observateurs:**

– d'analyser en direct les mécanismes de la communication ;
– de prendre conscience de l'importance de la communication non verbale dans une relation ;
– de repérer les comportements à éviter et ceux à privilégier.

➤ **Il vous permet :**

– d'illustrer de façon vivante et concrète vos apports ;
– de déclencher des prises de conscience ;
– de conseiller personnellement un protagoniste à partir d'une situation qu'il vient de vivre ;
– d'impliquer activement les participants autour d'une situation ludique ;
– d'entraîner les observateurs à se positionner dans une relation de conseil (que faire pour s'améliorer) plutôt que dans une attitude de jugement (ce qui est bien ou mal).

179 Quelles sont les situations qui se prêtent au jeu de rôle ?

Le jeu de rôle est l'outil par excellence du travail sur les comportements. Par conséquent, sont adaptées toutes les situations mettant en œuvre des comportements sur lesquels vous souhaitez faire progresser vos participants ...

...seuls :	expression orale par exemple (se présenter en public ou faire un discours de bienvenue...).
...a deux :	entretien (par exemple entretien de vente entre un vendeur et son client ou entretien d'évaluation entre un manager et son collaborateur...).
...à plusieurs :	réunion (par exemple une équipe de direction doit se prononcer sur l'opportunité d'une session de filiale).

180 Précautions à prendre pour animer un jeu de rôle

Le jeu de rôle est une technique d'animation que l'on peut qualifier de sensible surtout si la vidéo est utilisée. À tort ou à raison, le jeu de rôle est perçu comme une épreuve par la majorité des participants, une épreuve très fructueuse mais une épreuve quand même.

En début de session, l'annonce des jeux de rôle fait souvent naître l'anxiété. La confiance n'a pas encore eu le temps de s'installer entre vos participants d'une part et entre vos participants et vous-même d'autre part. Le jeu de rôle étant par ailleurs un exercice très impliquant, il est naturel que les personnes émotives soient tendues.

Par contre, il est plus difficile d'expliquer pourquoi certaines personnes font un blocage total et irrationnel au point de s'en rendre physiquement malades. Mis à part le cas d'une expérience précédente traumatisante comme malheureusement en sont responsables certains animateurs qui mesurent leur efficacité au nombre de personnes qu'elles ont fait pleurer. Sans rentrer dans le domaine psychanalytique, ces personnes sont-elles à tel point en conflit avec elles-mêmes pour que le seul fait de se voir leur soit insupportable ?

Prenez certaines précautions lors des 4 phases d'animation de vos jeux de rôle.

- **présentation** : précisez bien la finalité et les modalités pratiques.
- **préparation** : assurez-vous que les protagonistes ont bien compris ce qu'on attend d'eux.
- **simulation** : intervenez en cas de « lapin » ou de blocage.
- **debriefing** : adaptez votre niveau de debriefing au « point critique » du protagoniste, c'est-à-dire au seuil de remise en cause qu'il peut tolérer sans être déstabilisé, et laissez-le s'exprimer.

181 Les 4 phases de l'animation d'un jeu de rôle

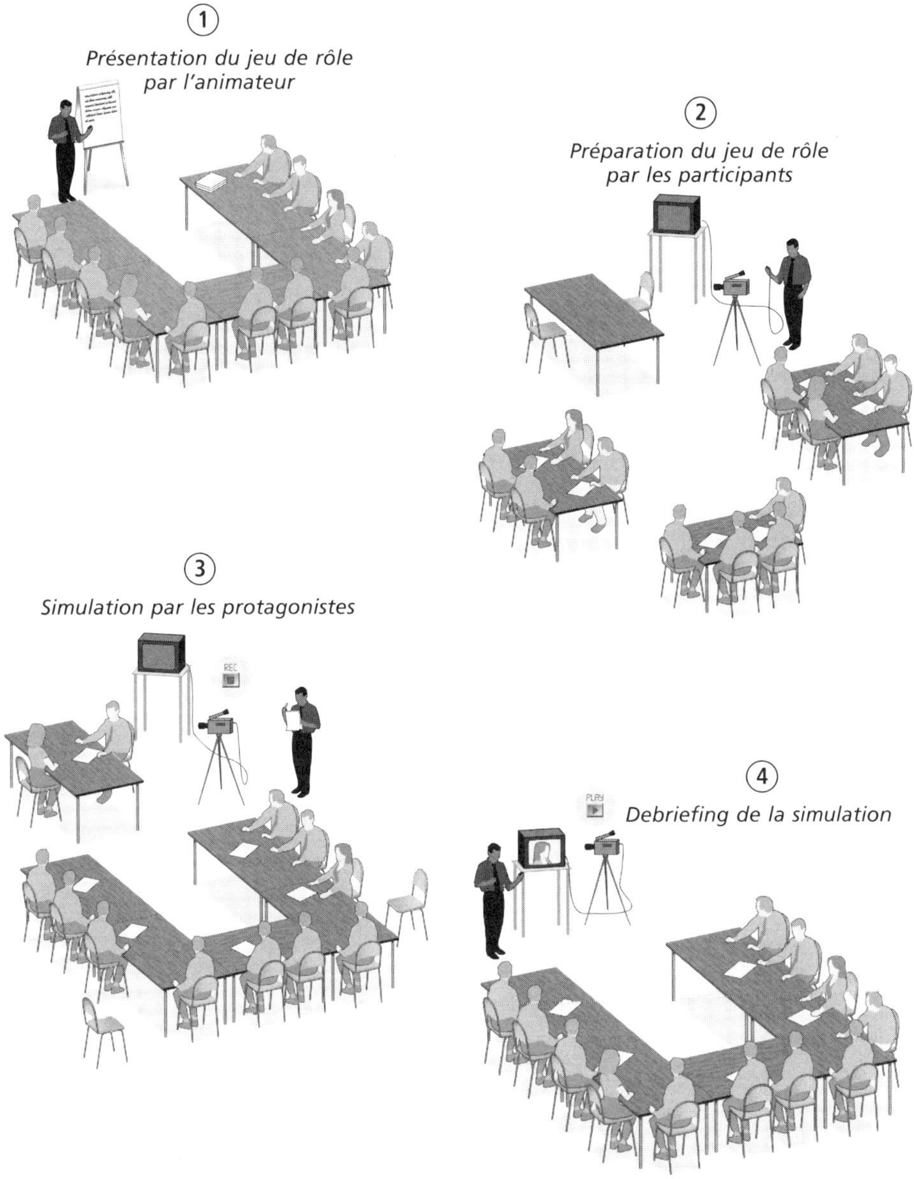

182 1/ Présentation du jeu de rôle par l'animateur

➤ **Annoncez tout d'abord l'objectif du jeu de rôle (ici une simulation d'entretien)**

«*Nous allons maintenant mettre en pratique les méthodes que nous venons de voir au travers d'une situation que tout manager rencontre : le recadrage de l'action d'un collaborateur*».

S'il s'agit du premier jeu de rôle, expliquez brièvement de quoi il s'agit, normalement, ceci a été fait lors de la présentation du TOAST (voir Chapitre 3, le démarrage).

➤ **Constituez les sous-groupes**

Pour 10 participants, un binôme prépare le rôle du collaborateur et 2 équipes de 4 préparent le rôle du manager.

Étant donné que c'est sur le comportement du manager que vous voulez travailler, il importe que le maximum de participants travaille ce rôle. Si c'est sur le rôle du collaborateur que vous voulez travailler, inversez l'équilibre des sous-groupes.

➤ **Rappelez les consignes et distribuez les rôles**

«*Je vous distribue le jeu de rôle, vous avez 20 minutes pour préparer en commun ce que vous allez dire et comment vous allez le dire à votre interlocuteur. À l'issue de cette préparation, 2 personnes simuleront l'entretien devant la caméra pendant 10 minutes. À la fin de ces 10 minutes nous tirerons en commun les enseignements de ce qui s'est passé. Tout le monde a compris ? Alors à vous de jouer !* »

Faites se regrouper les participants en fonction des sous-groupes constitués. Dans l'idéal, les 2 personnes qui préparent le rôle du collaborateur doivent le faire à l'extérieur de la salle pour ne pas être influencées par les 2 équipes de « managers ».

La phase de présentation du jeu de rôle est traditionnellement une phase de flottement pour les participants. Il importe donc que vous soyez particulièrement en existence pour l'animer.

183 2/ Préparation du jeu de rôle par les participants

Contrairement à ce que l'on pourrait imaginer, vous ne restez pas inactif pendant cette phase.

- Vous répondez aux éventuelles questions des participants.
- Vous recadrez le travail si nécessaire.
- Vous veillez à l'aspect collégial de la préparation.
- Vous activez les retardataires.

.../...

– Vous vous assurez que chaque sous-groupe désigne en son sein la personne qui passe devant la caméra si vous ne l'avez pas fait précédemment.

Et n'oubliez pas de vérifier l'installation vidéo et de préparer la scène !

184 3/ Simulation du jeu de rôle par les protagonistes

➤ **Battez le rappel des sous-groupes**

➤ **Rappelez les consignes de la simulation**

– Les observateurs ne sont pas des spectateurs mais des observateurs attentifs. Demandez leur d'éviter les apartés qui gênent les protagonistes.
– Les protagonistes respectent les données du jeu de rôle et évitent les « lapins » **[192]**.

➤ **Donnez le «top départ» en déclenchant le chronomètre et la caméra**

Pendant la simulation, analysez en direct le jeu de rôle en relevant sur le compteur de défilement de la caméra les instants où il se passe quelque chose de significatif.

➤ **Au bout de 10 minutes maximum, arrêtez le jeu de rôle**

Vous pouvez bien entendu prolonger ou abréger la simulation en fonction du déroulement de l'action. En règle générale 10 minutes suffisent ; au-delà, vous risquez de rendre l'exercice fastidieux.

➤ **Remerciez les protagonistes et invitez tout le monde à rejoindre sa place**

185 4/ Debriefing de la simulation

➤ **Donnez la parole en premier aux protagonistes.**

Ces derniers, contraints dans un rôle qui n'est pas le leur, ont hâte de redevenir « eux-mêmes ».

➤ **Donnez ensuite la parole aux observateurs.**

➤ **Prenez la parole en dernier.**

Le fait de parler en dernier représente un triple avantage.

– Tout d'abord, les observateurs ont souvent des commentaires pertinents qui viennent compléter votre analyse (si vous parlez en premier, les commentaires seront moins spontanés).
– Ensuite, un commentaire a souvent plus d'impact sur un participant s'il vient de la part d'un participant plutôt que de l'animateur **[247]**.

…/…

– Enfin, vous savez quel ton donner à votre debriefing. Par exemple, si les participants sont béats d'admiration devant une prestation que vous trouvez médiocre, vous saurez qu'il faudra y aller progressivement pour amener vos participants à réaliser leur erreur et laisser du temps aux échanges qui ne manqueront pas d'avoir lieu.

À l'inverse, si les observateurs sont « dans la plaque », vous aurez un debriefing plus court et plus technique.

Pour illustrer votre débriefing, repassez à l'écran les extraits les plus significatifs de la simulation que vous venez de filmer. Extraits que vous avez pris soin de repérer soigneusement lors de la simulation, en relevant l'instant correspondant à vos commentaires sur le compteur de défilement de bande.

Évitez, sauf si le jeu de rôle a tourné court, de repasser l'intégralité de la bande ce qui serait fastidieux.

Pour conclure votre debriefing, rappelez les points forts de l'intéressé et donnez-lui quelques conseils très concrets (3 maximum).

186 *Comment écrire un jeu de rôle ?*

Vous devez d'abord définir la situation sur laquelle portera le jeu de rôle ainsi que son objectif.

Exemple :

– situation : un responsable doit recadrer un de ses collaborateurs qui a enfreint une consigne ;

– objectif : apprendre à recadrer un collaborateur.

Ensuite, spécifiez le contexte : il s'agit soit du contexte de l'entreprise pour laquelle vous travaillez soit d'un contexte inventé pour les besoins de la cause.

Exemple :

– un supermarché ayant subi une tentative de hold-up

Définissez à présent les personnages dont les noms pourront être l'occasion d'apporter une touche humorisique.

Exemple :

– directeur : monsieur Pacha, absent lors de l'agression

– adjoint : monsieur Deusio, est intervenu en violation des consignes données

Il vous reste à passer à la rédaction. Il s'agit de faire simple, clair, concis et imagé (inspirez-vous des contes de fée qui sont un modèle à cet égard). Le style est volontairement oral pour permettre aux protagonistes de se mettre rapidement dans la peau du personnage.

Une feuille est rédigée pour chacun des protagonistes décrivant les mêmes faits, mais de manière différente, selon la perception de chaque personnage. Si vous décrivez des faits différents, le jeu de rôle va vite tourner à la confusion. .../...

Si vous ne différenciez pas les perceptions, le jeu de rôle perd de son intérêt.

Dans le cas d'un jeu de rôle multiple incluant plusieurs protagonistes (la simulation d'une réunion par exemple), vous pouvez ajouter une feuille supplémentaire qui sera distribuée à chaque participant. Sur cette feuille figure des éléments de contexte qui permettent de cadrer la préparation en s'assurant que chacun est bien sur la même longueur d'onde.

Il vous reste enfin à baptiser le jeu de rôle.

Exemple :

– « l'agression »

187 *Exemple de jeu de rôle*

Le jeu de rôle est clairement identifié et personnalisé aux couleurs du client pour éviter les confusions

DEST - formation sécurité *l'agression*

Une identification immédiate du rôle à interpréter pour éviter les confusions

Vous êtes DEUSIO, adjoint du magasin

Un style volontairement oral pour rentrer facilement dans la peau du personnage

• Vous êtes M. DEUSIO, adjoint du magasin du Val fourré.

• Hier, M. PACHA, le directeur était absent. Vous étiez dans la réserve quand vous avez entendu un hurlement "la caisse ou je vous crève tous !".

La situation telle qu'elle a été vécue par DEUSIO

Vous vous êtes précipité dans le magasin et vous vous êtes trouvé nez à nez avec un voyou armé d'un couteau. Les clients étaient pétrifiés et les caissières terrorisées. Vous avez tenté de raisonner l'agresseur en lui expliquant que vous n'avez que peu de liquide et qu'il est dans le coffre dont vous n'avez pas la clef. Il vous a frappé. À partir de là, vous avez vu rouge, vous avez agi par réflexe en empoignant le malfaiteur. Il y a eu une courte lutte. Vous avez reçu un coup de couteau dans le bras et vous avez réussi à mettre en fuite l'agresseur.

• À son retour le lendemain, M. PACHA a demandé à vous voir.

Vous vous doutez bien qu'il va vous reprocher d'avoir enfreint la consigne "n'offrir aucune résistance en cas d'attaque à main armée". C'était d'ailleurs votre intention première mais vous avez agi par réflexe quand il vous a frappé. Mais vous avez la conscience tranquille :

Quelques éléments facilement mémorisables pour nourrir la simulation

- C'est vrai il y a eu quelques dégâts, mais après tout, le seul blessé c'est vous, il ne va tout de même pas vous le reprocher !

- Les petits voyous iront voir ailleurs la prochaine fois.

- Vous avez sauvé la caisse.

Un rappel des consignes pour cadrer la préparation

• Vous avez 10 minutes pour préparer votre entretien avec M. PACHA.

188 Le choix des noms

Le choix des noms des personnages des jeux de rôle est l'occasion pour vous d'apporter une touche humoristique. Cette façon de faire n'a pas pour unique but de faire rire les participants ou de faire plaisir à l'animateur.

L'attribution de noms fantaisistes permet en effet :

– de dédramatiser le jeu de rôle (souvenez-vous que le jeu de rôle est anxiogène pour la plupart des participants) ;
– de faciliter la mémorisation des noms (il est plus facile de se rappeler dans le feu de l'action que son interlocuteur s'appelle Pacha que Dupont ou Durand) ;
– d'éviter toute confusion inconsciente entre l'individu et son rôle ; Ce n'est pas Jean-Claude qui est mauvais en général mais Pacha qui n'a pas été bon sur ce coup-là ;
– de créer un langage commun entre les participants, ce qui favorise la cohésion du groupe.

Quelle douce et innocente satisfaction que d'entendre vos participants s'interpeller bien après l'exercice par les noms des jeux de rôle ou d'affubler de ces noms des personnes de l'entreprise ne participant pas à l'animation.

189 Pourquoi préparer en sous-groupe ?

- La préparation est plus riche, il y a plus d'idées dans plusieurs têtes que dans une seule.
- Tout le monde est actif lors de la préparation.
- Les équipiers sont plus impliqués dans l'observation de la simulation lorsqu'il s'agit d'un des leurs qui passe devant la caméra.
- Chaque équipe peut élaborer des approches différentes qu'il sera intéressant de confronter, lors du débriefing ou lors d'une nouvelle situation.

190 Contexte ou hors contexte ?

Faut-il concevoir un jeu de rôle à partir du contexte professionnel des participants ?

Tout dépend de l'objectif poursuivi.

Si vous souhaitez permettre aux participants de prendre du recul par rapport au quotidien, favoriser les prises de conscience et la liberté des échanges, des jeux de rôle hors contexte sont les bienvenus.

Si au contraire vous souhaitez appliquer une nouvelle méthode de travail ou faire adopter des comportements professionnels, des jeux de rôle le plus proche possible du contexte sont appropriés.

.../...

Bien entendu, vous pouvez mixer les deux.

Si vous écrivez un jeu de rôle dans un contexte professionnel que vous ne maîtrisez pas, il vous faudra aller chercher votre matière première auprès d'un opérationnel de l'entreprise.

Dans ce cas, précisez bien le type d'informations que vous souhaitez obtenir de lui : situations, contexte, personnages. Je vous recommande de rédiger votre jeu de rôle dans la foulée de l'interview. À tête reposée, vous risquez d'avoir oublié pas mal de choses, si encore vous arrivez à relire vos notes !

Une fois rédigé, faites absolument relire votre travail par l'interviewé pour éviter tout contresens ou mauvaise utilisation d'un terme technique ou une erreur de chiffre qui rendrait la situation invraisemblable ou incohérente, donc inutilisable aux yeux des participants.

Un jeu de rôle spécifique à un contexte donné requiert de votre part un travail supplémentaire. En effet, un jeu de rôle « standard », déconnecté du contexte professionnel a le mérite d'être transposable tel quel d'une formation à l'autre.

Attention ! Dans le souci de rendre votre jeu de rôle plus vrai que nature, vous serez peut-être tenté de le surcharger d'informations (chiffres, personnages multiples, éléments de contexte...) qui en définitive apporteront la confusion dans les esprits. Le jeu de rôle n'a pas pour vocation de travailler sur le fond (le contenu) mais sur la forme (la relation).

Gardez à l'esprit que les jeux de rôle les plus simples sont toujours ceux qui produisent les meilleurs résultats.

191 *Faut-il filmer le jeu de rôle ?*

Ce n'est pas nécessaire et il serait bien dommage de renoncer à un jeu de rôle faute de camescope.

L'utilisation raisonnée de la vidéo vous permet cependant d'apporter une grande valeur ajoutée à vos debriefings.

L'enregistrement vidéo d'une simulation permet en effet :

- aux protagonistes de se voir avec un œil neuf ;
- à l'animateur de revenir sur les moments forts de la simulation pour les analyser à froid ;
- à tous de conserver une « mémoire » neutre de ce qui s'est réellement passé pour confronter l'événement avec la perception que chacun en a eu en direct.

Enfin, ne pas recourir à la caméra, c'est laisser dans l'ombre une dimension fondamentale de toute relation : le non verbal.

Pour toutes ces raisons il est utile de filmer les jeux de rôle. Attention cependant à ne pas en abuser si vous voulez conservez du rythme à votre animation.

192 Attention lapin !

Tel un magicien sortant inopinément un lapin de son chapeau, un de vos protagonistes peut être tenté, en cours de simulation, d'inventer de toute pièce une donnée ne figurant pas dans le jeu de rôle que vous lui avez distribué et qui fausse totalement l'exercice. Un jour, un de mes protagonistes, à court d'argument, lança à son interlocuteur éberlué : « *de toute façon, vous ne le savez pas encore mais vous êtes muté au Brésil* » (donnée qui évidemment ne figurait pas dans les consignes initiales !).

Si un tel cas de figure se présente, interrompez immédiatement le jeu de rôle, rappelez le contrevenant à l'ordre dans la bonne humeur, puis faites reprendre immédiatement la simulation.

193 Situations classiques d'animation

➤ **Situation**

Des personnes sont très anxieuses à l'idée de passer à la vidéo.

Réponse

« *La vidéo est le seul témoin objectif de ce qui se passe. C'est vers elle que nous nous retournerons pour savoir quand et pourquoi la situation a pris bonne ou mauvaise tournure. J'attends de vous tous des critiques constructives. Nous sommes là pour progresser ensemble et non pour distribuer des bons points ou des notes.* »

➤ **Situation**

« *La situation est totalement artificielle, dans la réalité je suis très différent* » proclame un protagoniste à l'issue d'une simulation. Sous-entendu : « *je ne suis pas concerné par tout ce que vous allez dire sur moi* ».

Réponse

« *C'est vrai que le jeu de rôle n'est pas la réalité, pour autant n'y a-t-il pas des enseignements à en tirer ? Le jeu de rôle agit comme un miroir déformant. C'est un révélateur qui amplifie vos qualités et vos défauts.* »

➤ **Situation**

Un protagoniste a été d'une médiocrité infâmante lors de la simulation ; ses petits camarades lui portent le coup de grâce par leurs commentaires assassins ou pire encore se retranchent dans un lâche et oppressant silence. Vous-même, vous ne voyez objectivement aucun point à valoriser.

Réponse

Débrouillez-vous pour trouver absolument un point positif. Si l'intéressé a été le premier à passer « *ce n'est pas facile de passer le premier, vous êtes bien sévère, j'aurais bien aimé vous voir à sa place* » (généralement les participants pâlissent à cette seule idée !).

.../...

S'il a été le dernier à passer « *ce n'est pas facile de passer en dernier. On veut appliquer tout ce que l'on a appris précédemment et l'on s'embrouille* ». Dans tous les cas dédramatisez et évitez de personnaliser le débriefing. Ne dites pas « *ici Jean-Pierre fait l'erreur de...* » mais « *ici nous voyons que dans cette situation, ce comportement n'est pas adapté* ».

Évitez de laisser quelqu'un sur un échec. Arrangez-vous pour le mettre en valeur ultérieurement dans un exercice facile.

À l'inverse, ne soyez jamais complaisant dans vos commentaires, les participants que vous avez ménagés seraient les premiers à vous le reprocher lors de l'évaluation.

➤ **Situation**

L'intéressé a été excellent lors de la simulation, ce bougre a même été meilleur que vous et vous ne voyez objectivement pas ce que vous allez apporter dans votre debriefing.

Réponse

« *Bravo, c'est excellent : essayons de repérer ce qui ne relève pas du talent personnel de Jean-Pierre mais de techniques que nous pourrions lui emprunter pour nous améliorer* ».

194 *La grille d'évaluation*

Une technique intéressante consiste à debriefer les jeux de rôle à l'aide d'une grille d'évaluation. De quoi s'agit-il ? Lors de la simulation, les observateurs remplissent une grille d'évaluation comprenant quelques rubriques simples. À l'issue du jeu de rôle, les observations sont compilées rapidement par un système de vote.

Le système qui vous est proposé ici est intéressant sur plusieurs points.

- La phase d'observation est structurée, les observateurs ne sont pas laissés à eux mêmes.
- Tous les observateurs sont actifs durant la simulation.
- Vous choisissez les critères sur lesquels vous souhaitez attirer l'attention.
- Lors de la restitution, les observateurs se lèvent et bougent ce qui crée une rupture de rythme.
- Les observateurs sont en position active de conseil et non en position passive de jugement.

Voici un exemple de grille que j'utilise. À partir de cet exemple, vous pourrez construire votre propre grille d'évaluation : attention 5 critères sont un maximum.

• Présentation de la grille d'évaluation :

« *Nous venons de voir les conditions de réussite d'un entretien, résumons-les :*

– être ***clair****, c'est-à-dire savoir ce que l'on veut et l'exprimer clairement ;*

.../...

– *instaurer un véritable dialogue, c'est-à-dire trouver l'équilibre entre* ***écoute*** *et* ***existence*** [12] *;*

– *éviter de partir dans tous les sens en* ***structurant*** *l'échange ;*

– *penser en terme de* ***solution.***

Ces 5 critères vont nous servir de grille d'évaluation pour les jeux de rôle. Chaque observateur va évaluer l'intéressé sur ces 5 critères, puis il identifiera un point fort et donnera un conseil pour progresser. Pour ce faire, je vous distribue la fiche que voici.

À la fin de la simulation, chacun :

-1/reporte son vote sur la grille qui est tracée au paper en votant à l'aide de 5 gommettes ;

-2/écrit son conseil et son point fort sur 2 cartes distinctes et vient les coller sur le panneau. »

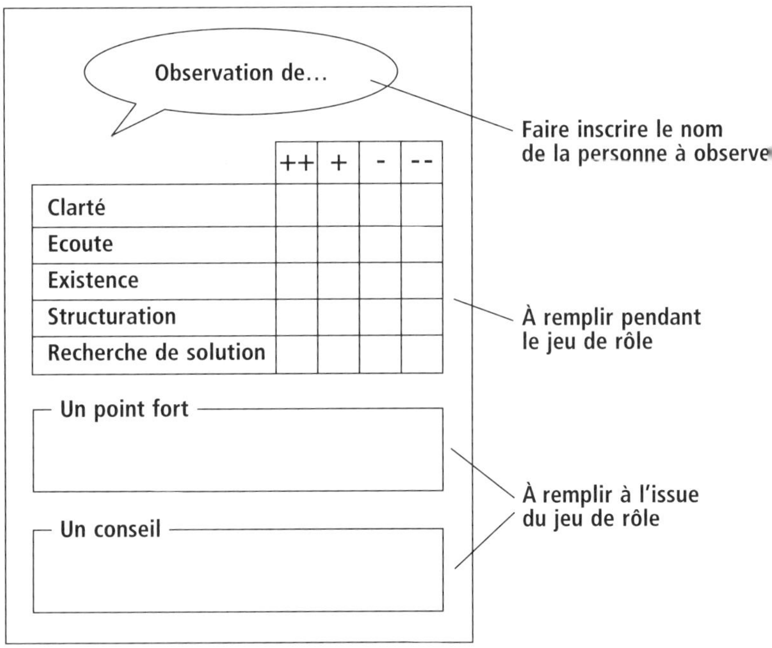

195 *De la vidéo...*

Assurez-vous au préalable de la présence en état de marche du matériel.

- Camescope avec cassette vidéo adéquate comprenant un compteur de défilement de bande (pour faire vos repérages) et une touche « pause » (pour faire des arrêts sur image sans avoir à redémarrer l'appareil à chaque fois).

Attention, il existe 3 formats vidéo incompatibles : VHS, VHS C et vidéo 8.

.../...

- Pied pour camescope : attention, ce pied comprend un système de fixation différent de celui d'un appareil photo.
- Micro de table avec pile, le micro interne du camescope s'avère souvent inaudible à la relecture si les personnes parlent à voix basse. Utiliser un micro discret de la taille d'un biscuit et non un micro de scène qui intimide les participants.
- Cordons de raccordement (camescope / moniteur, camescope / adaptateur secteur) + adaptateur secteur du camescope (sinon vous seriez dépendant des batteries).
- Moniteur TV avec télécommande.

Exigez que le matériel soit livré et en place à votre arrivée **[71]**. Si vous avez la chance d'avoir un technicien de la société de location, ne le lâchez pas avant de savoir quel est le canal vidéo de la télévision et d'avoir parfaitement assimilé le fonctionnement du camescope si c'est un modèle inconnu de vous. Ce n'est pas lui qui aura l'air bête tout à l'heure quand rien ne fonctionnera...

Testez systématiquement le matériel vidéo, en vous filmant quelques instants en monologuant, avant de l'utiliser avec votre groupe.

L'arrivée des camescopes numériques permet d'ouvrir de nouvelles possibilités.

196 *Pour les fâchés avec la technique*

- Attention à ne pas filmer à contre-jour, vous ne reconnaîtriez pas les protagonistes.
- Ne tournez jamais l'objectif du camescope vers le soleil, cela endommagerait gravement son optique.
- Un micro de table possède une pile. Vérifiez sa présence et sa charge. Il possède aussi un interrupteur, pensez à le mettre sur « on ».
- Pensez à remettre, avant une nouvelle prise de vue, le compteur du camescope à zéro, cela facilitera vos repérages.
- Un micro branché à proximité d'un moniteur allumé émet un sifflement strident appelé effet Larsen : pensez à baisser le son ou à éteindre le moniteur quand vous filmez.
- Le fait que le moniteur (l'écran) soit allumé ou pas pendant la prise de vue n'a aucune espèce d'incidence sur l'enregistrement. La seule chose qu'il faut vérifier, c'est l'apparition du pictogramme « REC » (pour *record*) ou « ENR » (pour *enregistrer*) dans le viseur du camescope.
- Pas de panique si vous n'avez pas de son à la relecture de votre bande. Vous avez peut être baissé le son de la TV (moniteur) pour éviter l'effet Larsen, à moins que le cordon de liaison avec le camescope n'ait été débranché pendant que vous déplaciez la caméra.

.../...

- Par commodité, on enregistre habituellement sur le début de la cassette. À la longue, l'usure de la bande détériore la qualité du son et de l'image. Si tel est le cas, n'hésitez pas à enregistrer plus loin sur votre cassette. Pensez alors à remettre le compteur à zéro pour retrouver le début de votre enregistrement. Pour les angoissés, ayez toujours une bande de secours en cas de rupture du ruban : accident rare mais pas impossible. **[78]**.
- Attention, si vous voulez conserver intacts vos enregistrements. En démarrant l'enregistrement, le camescope écrase les quelques secondes précédentes. Laissez défiler la bande quelques secondes avant d'enregistrer à nouveau.

197 *Théâtre et jeu de rôle*

On entend parfois comparer les jeux de rôle au théâtre. Qu'il s'agisse de théâtre de loisir ou d'entreprise, cette comparaison n'est pas heureuse.

- Au théâtre, chaque comédien apprend un texte par cœur et connaît les répliques de ses partenaires. Dans un jeu de rôle, les protagonistes improvisent leurs comportements au fur et à mesure des réactions imprévues de l'autre.
- Au théâtre, les spectateurs sont nombreux et ne recoivent pas de consignes d'observation, dans un jeu de rôle les observateurs sont en petit nombre et ont un rôle actif.
- Au théâtre, contrairement au jeu de rôle, il n'y pas d'animateur qui prenne des notes en vue de conseiller les protagonistes.

198 *Le rangement des jeux de rôle*

Vous avez tout intérêt à ranger soigneusement vos jeux de rôle afin de les identifier facilement et d'éviter les erreurs dans la distribution des rôles.

Personnellement, je les range soigneusement dans des chemises. Sur la chemise est collée la page de garde du jeu de rôle sur lequel figure en grosses lettres son titre.

À l'intérieur de chaque chemise, chaque rôle est rangé dans une pochette transparente qui contient un exemplaire original afin de refaire un tirage si nécessaire.

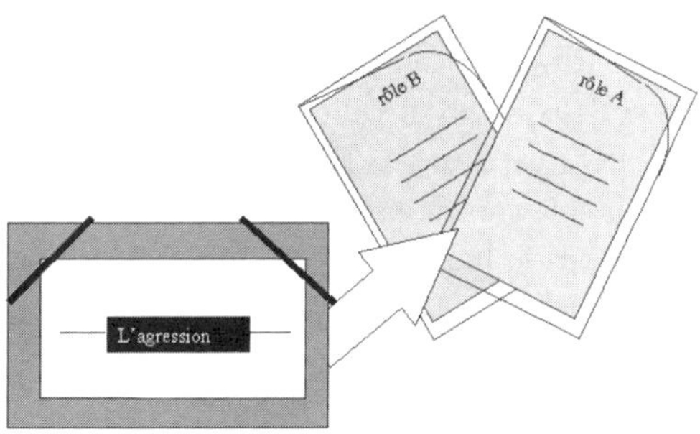

199 Conseils pratiques

- Si dans votre groupe vous avez remarqué un opposant, évitez de l'avoir comme protagoniste lors de votre première simulation.
- Si un participant fait un blocage total vis-à-vis du jeu de rôle, insistez gentiment en faisant valoir que le fait de ne pas passer à la vidéo est plus pénalisant que de se jeter à l'eau. Si le refus persiste, proposez d'effectuer la simulation sans la filmer.
- Donnez les consignes et constituez les sous-groupes *avant* de distribuer les rôles aux participants.
- Constituez vous-même les sous-groupes sinon vous risquez de perdre beaucoup de temps. Préparez par avance la liste des sous-groupes au paper board.
- Lorsque vous envoyez les membres d'un sous-groupe préparer son rôle, n'oubliez pas de leur demander où ils vont si vous ne voulez pas les perdre.
- Vous êtes en train de filmer et vous constatez que le compteur de défilement de la caméra n'a pas été déclenché. Passez rapidement votre main devant l'objectif lorsque vous identifiez un moment caractéristique. Lors de votre debriefing, ceci vous permettra d'identifier facilement la séquence en question.
- Dans les simulations d'entretien, il y a souvent un rôle principal sur lequel vous mettrez l'accent lors du debriefing (le manager, le vendeur, le recruteur...) et un rôle secondaire, le «plastron» (le collaborateur, le client, le candidat...). Pour mettre de l'animation, utilisez un plastron extraverti dont vous avez remarqué les talents de comédien.
- Pour le chronométrage du jeu de rôle, n'hésitez pas à solliciter un participant. Vous avez un souci de moins et quelqu'un de plus participe.
- Si vous avez un souci avec la vidéo, n'hésitez pas à demander de l'aide à vos participants, il y a souvent parmi eux un «bidouilleur» qui est ravi de vous aider.
- Si vous voulez faire rire vos participants, revisionnez des extraits de la simulation en accéléré : classique mais effet garanti !

Ce qu'il faut retenir

- Le jeu de rôle est l'outil par excellence de l'animateur qui souhaite travailler sur les comportements.
- Bien maîtrisée et utilisée à bon escient, la vidéo constitue un outil pédagogique très efficace pour l'animation des jeux de rôle.
- Le jeu de rôle attire et effraie le participant car il le confronte à lui-même.

Chapitre 19

L'étude de cas

« À ceux qui me demandaient le chemin,
je répondais : voici le mien, quel est le vôtre ? »
Nietzsche

200 *Qu'est-ce qu'une étude de cas ?*

Une étude de cas est un exercice pédagogique.

Il consiste à soumettre aux participants un « cas », c'est-à-dire un ensemble de données sous forme de documents à étudier à partir desquels ils doivent proposer des réponses aux questions posées.

Il s'agit en général pour les participants répartis en sous-groupes de proposer une solution à un problème.

Les données soumises aux participants peuvent être fictives ou réelles.

Attention, par abus de langage les conférenciers utilisent des «études de cas» qui ne sont en fait que des exemples détaillés. Ces derniers peuvent servir notamment de fil conducteur à un exposé. Par exemple « La mise en place des 35h dans l'industrie agro-alimentaire : le cas de la société x». Il ne s'agit pas d'étude de cas dans le sens où nous l'entendons ici, car dans le «cas» présent, les participants ne se contentent pas d'écouter mais ont un rôle très actif comme vous allez le voir.

201 *L'étude de cas comporte-t-elle un corrigé ?*

Du point de vue de l'animateur, le cas en lui-même importe peu. Ce qui compte c'est son exploitation.

L'étude de cas ne se suffit pas à elle-même, elle doit être débriefée par l'animateur. Si l'on est sur un terrain technique, le debriefing doit permettre de valider ou d'invalider les propositions des participants ; sans cela ils seraient à juste titre frustrés.

Pour autant, si l'on se situe dans le domaine économique ou humain par exemple, **la** solution n'existe pas ; ce que l'on peut envisager c'est **une** solution.

Par conséquent, plus que le corrigé lui-même, il est important que vous sachiez comment exploiter le cas pour permettre d'aider les participants à progresser : axes de débriefing, points clefs à mettre en lumière, questions à poser aux participants... autant de points essentiels que vous devez prendre en compte.

.../...

Comme toutes les techniques présentées dans ce guide, l'étude de cas n'est pas une fin en soi : c'est un outil au service de l'atteinte d'un objectif. À ce titre, la question fondamentale est (encore et toujours !) : à quoi cela va-t-il servir ?

Comment en tirer le meilleur parti par rapport à mon objectif pédagogique ?

Un des intérêts de l'étude de cas réside dans le fait qu'il n'existe pas une seule solution. Ainsi, conséquence très pratique, le cas peut être réutilisé par des groupes différents sans perdre de son intérêt ni de son suspense. Ceci permet d'«amortir» sur de nombreuses sessions l'investissement lourd que constitue la conception d'un cas riche.

202 *Les 5 étapes de l'animation d'une étude de cas*

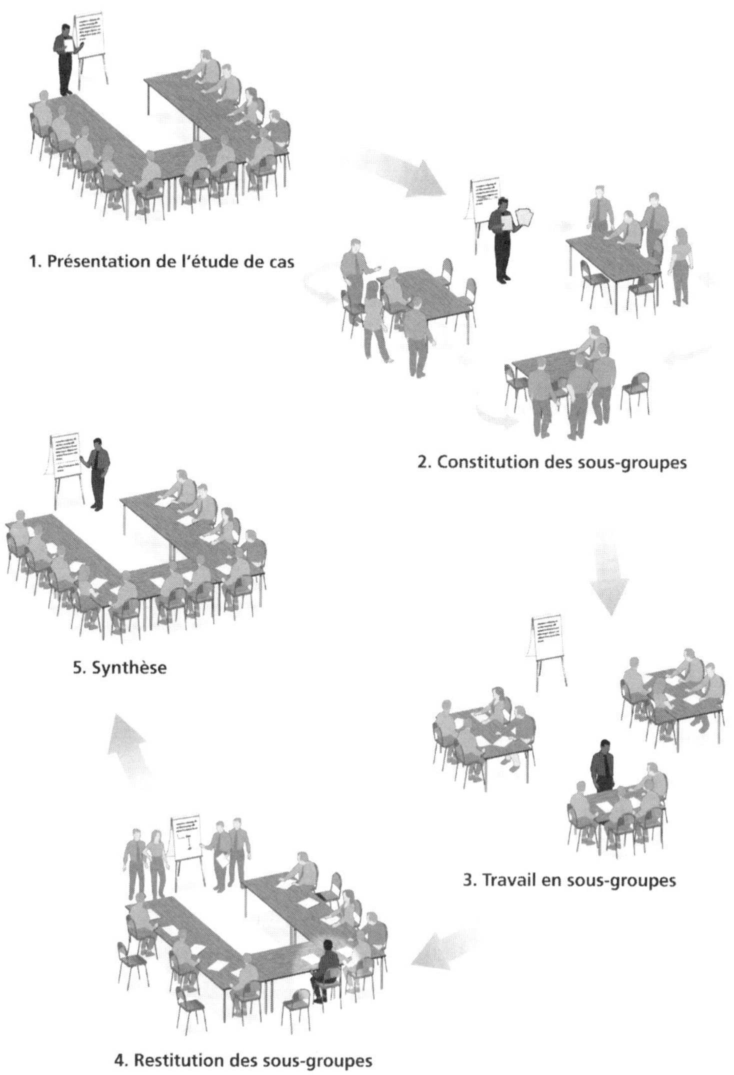

203 Étape 1 : présentation de l'étude de cas par l'animateur

Présentez l'étude de cas en répondant à 4 questions :

– de quoi s'agit-il ?(description sommaire)
– comment ce cas a été construit ?
– à quoi va-t-il servir ?(objectif de cette séquence)
– qu'attendez vous des participants ?

Lors de la présentation du cas, il est important que vous précisiez si ce cas est fictif ou réel, s'il a été conçu en collaboration avec des personnes de l'entreprise ou pas. La durée de la présentation du cas doit être proportionnelle à son «épaisseur» mais ne doit pas dépasser un quart d'heure.

Évitez de distribuer le cas à ce moment aux participants car ils se plongeraient dedans et ne vous écouteraient plus.

Le plus simple consiste à présenter le cas en l'ayant en main. Ainsi lorsque vous le distribuerez aux participants, ils s'y repéreront plus facilement.

Soyez particulièrement vigilant à bien clarifier ce que vous attendez des participants : « *à la lecture de ce cas, chaque sous-groupe devra...* »

Attention! N'oubliez pas que si ce cas est pour vous une vieille connaissance, les participants eux le découvrent. Par conséquent assurez vous que tout le monde ait compris avant de passer à l'étape 2 : **vouloir gagner un peu de temps lors de cette première étape est le plus sur moyen d'en perdre beaucoup lors des suivantes.**

204 Étape 2 : constitution des sous-groupes

La constitution des sous-groupes obéit aux mêmes règles que lors d'un travail de préparation d'un jeu de rôle.

Constituez d'autorité les groupes *avant* la présentation du cas. La constitution des équipes est traditionnellement un instant de flottement. D'autre part, laisser les groupes se constituer seuls risque de déséquilibrer leur composition. Veillez par exemple à ce que tous les débutants ne se retrouvent pas dans un groupe et tous les expérimentés dans l'autre... à moins que cela ne soit justement le but recherché !

4 semble être le nombre optimal pour travailler en équipe sur un cas. Pour faciliter les regroupements, notez sur le paper board les noms des participants affectés à chaque équipe.

Une fois la constitution des équipes affichée, invitez les participants à se regrouper et à déplacer les tables et chaises pour se regrouper par équipe. Veillez à utiliser toute la salle afin d'éloigner au maximum les équipes les unes des autres pour qu'elles ne se gênent pas et qu'il n'y ait pas appauvrissement du travail en raison des interférences entre les équipes.

.../...

Distribuez ensuite le cas. N'oubliez pas de préciser le temps imparti.

Si vous en avez la possibilité, répartissez les sous-groupes dans des salles différentes.

205 Étape 3 : travail en sous-groupes

Pendant le travail en sous-groupe, circulez dans les groupes pour vous assurer que les participants :

– ont bien compris le travail demandé ;
– ne prennent pas de retard ;
– ne restent pas bloqués sur une difficulté ;
– travaillent en équipe et non chacun de leur côté.

Encouragez le travail du groupe sans le gêner ni ne vous substituer à lui. Si vous constatez qu'un groupe fonctionne bien, laissez le travailler tranquille.

Lorsque vous voyez que le travail est bien avancé ou que le temps imparti touche à sa fin, passez dans les groupes pour leur faire préparer la restitution.

Cette restitution peut consister à reprendre les questions du cas une à une et à y répondre, ou bien elle peut être plus libre. C'est à vous de voir en fonction de la nature du cas. Dans ce cas, veillez à ce que cette restitution soit **synthétique** et **structurée**.

Lorsque vous circulez dans les groupes, il arrive souvent que des participants vous demandent de prendre position sur le fond : par exemple, valider une option qu'ils ont retenu ou trancher un désaccord au sein du groupe. Pour éviter ce piège – ce n'est pas à vous mais à eux de le faire – voici un exemple de réponse type « *on verra tout à l'heure, ce qui m'intéresse ce n'est pas tant l'option que vous retenez que de savoir pourquoi vous la retenez* ».

206 Étape 4 : restitution des sous-groupes

S'il s'agit d'un cas «lourd» servant par exemple de fil directeur à une journée de travail, vous aurez tout intérêt à procéder par restitutions intermédiaires en «saucissonnant» le cas. Sinon, il ne s'agit plus d'animation mais de surveillance d'étude !

Souvent les participants ne pensent pas à la forme qu'ils vont donner à leur restitution. Vous pouvez leur donner quelques conseils en général bien accueillis par les participants en mal d'idées.

Pour faciliter et accélérer la restitution, veillez à ce que chaque groupe dispose d'un support : transparents, paper, tableau…

La tendance spontanée des participants consiste à évacuer la question de la restitution en désignant un rapporteur qui travaille pendant que les autres

.../...

se tournent les pouces ; insistez pour que la restitution soit collective : cela la rend plus vivante. En outre, le fait de rendre les membres du sous-groupe plus solidaires les oblige à travailler en commun, jusqu'au bout.

Lors de la restitution, asseyez-vous parmi les participants. Cela montre que la restitution s'adresse aux autres autant qu'à vous. Placez-vous au fond de la salle plutôt que sur un bord : ainsi l'orateur qui a toujours tendance à regarder l'animateur aura plus tendance à englober du regard l'ensemble des participants.

Chaque équipe vient alors présenter le fruit de son travail à tour de rôle aux autres participants.

Veillez à ce que la restitution soit :

– courte : la restitution doit être synthétique sous peine d'être fastidieuse ;
– interactive : les autres participants réagissent ; questions, réactions...
– pertinente : l'équipe doit bien répondre aux questions posées ;
– claire : la position retenue par l'équipe doit être exprimée sans ambiguïté ;
– argumentée : toutes les options sont recevables si elles sont argumentées.

Si la restitution de la deuxième équipe est identique à la première sur certains points, évitez la redondance. Demandez à la deuxième équipe sur quels points elle a retenu des choix différents ou bien si ce sont les mêmes arguments qui l'ont conduit au même choix.

Plutôt que de vous prononcer sur telle ou telle option, cherchez plutôt à faire expliciter aux équipes les raisons qui ont déterminé leur choix.

207 *Étape 5 : synthèse par l'animateur*

Les participants ont passé beaucoup de temps sur le cas, tant lors du travail en sous-groupe que lors de la restitution. Ils attendent maintenant, à juste titre, une valeur ajoutée de votre part.

Le fait que vous soyez intervenu lors de la restitution ne vous dispense pas d'effectuer une synthèse pour conclure votre séquence « étude de cas ».

Il existe de nombreuses manières d'effectuer la synthèse d'un cas. Elle consiste avant tout à résumer les options présentées par les participants en les enrichissant des débats suscités par leur présentation. Votre débriefing à proprement parler peut alors commencer. Si bien sûr la synthèse dépend de la façon dont s'est déroulé l'exercice, vous gagnerez à en préparer à l'avance les grands axes de débriefing.

Si vous avez animé au préalable ce cas, une synthèse possible consiste à décrire les options retenues par les groupes précédents.

Dans tous les cas, vous devez impérativement conclure votre étude de cas par une synthèse.

208 Les deux types de cas

➤ Le cas technique

Il s'agit de la recherche d'une solution faisant appel à un domaine d'expertise Son intérêt : confronter différentes approches qui permettent de répondre à ur problème technique.

Exemples :

– À partir du cahier des charges d'un nouveau service offert à la clientèle, de: informaticiens doivent mesurer son impact sur le système d'information d(l'entreprise.
– À partir d'une étude de la zone à couvrir, des techniciens doivent choisi l'emplacement de relais pour téléphones mobiles.
– À partir de la description de symptômes, de résultats d'examens et d'informations fournies par le patient, une équipe médicale doit poser un diagnostic.

Pour debriefer un cas technique, l'animateur doit posséder un bagage technique adéquat. Si ce n'est pas le cas, la co-animation peut s'imposer (Chapitre 13). Une alternative consiste à recourir à un invité **[209]** ou à un jury.

➤ Le cas « management »

Il s'agit de la recherche d'une solution managériale au sens large du terme, c'est-à-dire d'une prise de décision dans une logique d'optimisation des ressources pour atteindre un objectif donné.

Exemples :

– À partir des données historiques (position, nature et nombre des forces ennemies), des officiers « rejouent » une bataille célèbre.
– À partir de données relatives à une entreprise rachetée (bilan, étude de marché, bilan social...), des managers doivent déterminer leurs premières actions de management.
– À partir de la transcription complète d'un entretien de vente, les participants doivent préparer l'entretien qu'ils auront avec le vendeur en terme de points forts / points faibles.

Un debriefing intéressant d'un cas management consiste à faire jouer la scène pour juger de la pertinence de l'option retenue. Autrement dit, un cas peut dans un deuxième temps se transformer en jeu de rôle (Chapitre 18).

209 L'invité

Une technique intéressante consiste à faire intervenir un invité lors de la phase de debriefing.

Cette technique est doublement intéressante : elle met d'une part du piment à la préparation et contribue à l'émulation entre les équipes ; d'autre part, elle permet de disposer d'un expert lors du debriefing. .../...

Comme vous le voyez, tout repose sur la qualité de l'invité que vous devez avoir préalablement préparé à son rôle. Si l'invité est mauvais, toute votre séquence s'effondre. Si il est excellent, la séquence fera date dans la mémoire de vos participants.

Quelles sont les précautions à prendre ?

Tout d'abord, l'invité doit avoir bien compris et accepté le rôle que vous voulez lui voir jouer. Ceci implique qu'il ait eu connaissance du cas **avant** son intervention. Rien ne ferait en effet plus mauvais effet auprès des participants qu'un invité à côté de la plaque.

L'invité devra ensuite respecter les règles que vous lui aurez fixées :

– ne pas raconter sa vie mais centrer son attention sur le cas
– ne pas prendre à partie les participants à titre individuel
– valoriser le travail
– avoir une valeur ajoutée dans ses commentaires ou ses questions.

Si c'est pour dire «*je suis d'accord, c'est bien*», ce n'est pas la peine de venir. Que l'invité partage ou non les options présentées par les participants importe peu. Ce qui importe, c'est **pourquoi** il les partage ou non. Le débat qui s'en suivra n'en sera que plus intéressant.

210 *Animateur cherche participants désespérément*

Il est souhaitable, si les lieux le permettent, que les sous-groupes puissent préparer séparément les uns des autres afin de ne pas se gêner.

C'est ainsi qu'il m'est arrivé une fois d'animer une étude de cas dans une vaste propriété aux multiples dépendances. Mes sous-groupes se dispersèrent si bien que je mis plus d'un quart d'heure, en organisant une véritable battue dans une joyeuse exubérance, à retrouver des participants qui s'étaient regroupés pour travailler dans la salle de billard.

Pensez à demander à vos participants où ils vont avant la dispersion des sous-groupes !

211 *Mon avis*

Trop souvent, la phase de travail en sous-groupe est assimilée par l'animateur à une phase de détente.

Certes, la pression est moins forte que lors d'un jeu de rôle ou d'un recueil par exemple. Toutefois, le temps de travail en sous-groupe requiert une présence forte de l'animateur.

En effet, il est bien rare que les sous-groupes se mettent spontanément à travailler efficacement. De plus, ces derniers ne travaillent pas à la même .../...

vitesse [228]. Il est donc indispensable que l'animateur « tourne » dans les sous-groupes.

Tout en recadrant le travail des sous-groupes, l'animateur doit prendre en compte leur production afin de préparer sa synthèse. Il doit aussi s'assurer que chaque équipe prépare sa restitution dans le temps qui lui est imparti.

Non décidément, l'animation d'une étude de cas est tout sauf reposante.

212 *La conception d'un cas*

L'intérêt du cas n'est pas tant qu'il soit réel mais qu'il soit réaliste.

En effet, un cas réel est souvent beaucoup plus limitatif. Si l'un des participants y a participé de près ou de loin, le jeu est faussé en partie. Ceux qui sont les moins expérimentés s'en remettront à l'« expert ».

Dans un cas réaliste, tous les participants sont à égalité, ils disposent des mêmes informations et comme « toute ressemblance avec des personnes ou des faits ayant réellement existés serait le fruit du hasard », les susceptibilités sont ménagées.

Faut-il concevoir un cas à partir du contexte professionnel des participants ou non ?

Cette question étant valable aussi pour la conception d'un jeu de rôle **[190]**, si vous souhaitez l'approfondir, reportez-vous aux principes correspondants.

Si un cas « technique » peut se concevoir dans un autre contexte professionnel, il est quand même plus simple de rester dans l'environnement professionnel des participants.

Un cas management peut se concevoir indifféremment en contexte ou hors contexte. C'est à vous de voir ce qui correspond le mieux à l'exploitation que vous comptez en faire.

Gardez à l'esprit le principe général suivant :

– Un exercice « hors contexte » favorise la prise de recul, la spontanéité et la créativité. Pour l'animateur, il présente aussi l'avantage d'être facilement recyclable.
– Un exercice « contexte » est plus réaliste et facilite le transfert de savoir-faire opérationnel.

213 *Conseils pratiques*

- Faites toujours relire votre cas technique par des professionnels du domaine concerné afin d'éviter tout « bug » (oubli, incohérence, erreur, invraisemblance...) qui risque de le rendre inutilisable ou de vous décrédibiliser.
- Évitez de tirer trop d'exemplaires d'avance de votre cas. L'expérience prouve que quel que soit le soin apporté à la relecture, des erreurs et des coquilles se dévoilent toujours à l'usage.

.../...

- Prenez quelques minutes pour résumer la situation à votre invité avant de le solliciter sur le cas. Vous éviterez ainsi de le « cueillir à froid » et vous lui permettrez de prendre contact en douceur avec le groupe.
- Lors de l'exploitation du cas évitez les conclusions statiques du type « avantages / inconvénients de la solution proposée » au profit d'un débriefing plus tourné vers l'action du type « solution à privilégier dans le cas où... ».
- Si lors du travail en sous-groupe, vous êtes amené à donner à des participants une information importante qui ne figure pas dans le cas, pensez à diffuser l'information dans les autres groupes. Cela vous évitera des restitutions houleuses.
- Pour donner du rythme lors de la restitution, vous pouvez intercaler un bref apport entre 2 restitutions.

(!) CE QU'IL FAUT RETENIR

- L'étude de cas demande un important travail de conception.
- Réfléchissez **avant** votre animation à la façon dont vous allez exploiter le cas que vous utilisez.
- Passez systématiquement dans les sous-groupes pour vous assurer du bon déroulement du travail.

CHAPITRE 20

LES PRÉSENTATIONS

«On n'a jamais l'occasion de faire une seconde première impression.»
Proverbe

214 *Importance des présentations*

La phase de présentation est importante à plus d'un titre.

C'est bien sûr l'occasion de faire connaissance dans le cas où les personnes se rencontrent pour la première fois. Cet instant constitue aussi dans la plupart des cas votre premier acte d'animation, de participation pour vos participants. C'est pourquoi ce rituel est riche d'enseignement.

La manière dont vous allez vous y prendre pour gérer la phase des présentations va donner à vos participants une idée de votre style d'animation. De votre côté, en observant la manière dont les participants réagissent, vous aurez une bonne photo de votre groupe et des personnalités qui le composent.

215 *Ciblage des présentations*

La manière dont vous organisez les présentations ne doit pas être standard mais ciblée en fonction des objectifs de votre animation. Quelques exemples :

- dans une formation inter-entreprises, invitez chacun de vos participants à présenter rapidement son entreprise, ce qui n'a pas de sens dans une formation intra-entreprise ;
- dans un stage de management, il est important que vous sachiez combien de personnes encadrent vos participants. Dans un stage de perfectionnement à un logiciel de bureautique, vous vous intéresserez au type de travaux que les participants ont à réaliser ;
- si vous animez une réunion de lancement de projet, vous vous intéresserez aux motivations ainsi qu'à la manière dont les participants envisagent leur contribution au projet.

Par ailleurs, vous pouvez avoir vos propres objectifs qui vont influencer vos présentations :

- « décoincer » des participants engoncés dans le formalisme en adoptant une présentation interactive inhabituelle ;
- cadrer des participants qui ont tendance « à partir dans tous les sens » en adoptant une présentation écrite et structurée.

216 Les présentations croisées

➤ Principe

Chacun présente son voisin.

➤ Intérêt

Tous les participants sont actifs en même temps / les participants s'habituent à travailler en sous-groupe / les participants sont obligés de s'adresser la parole.

➤ Déroulement

Les présentations croisées s'opérent en 2 temps. Dans un 1er temps, les participants s'interviewent en binôme. Dans un second temps, chacun présente son binôme au groupe, à partir des informations recueillies lors de l'interview.

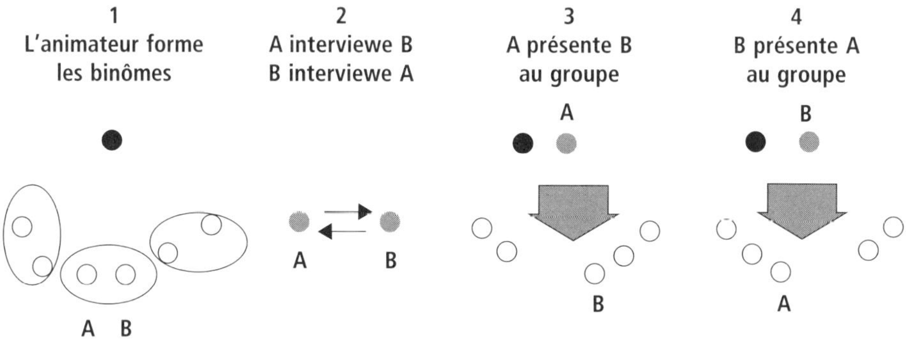

En cas de nombre impair, le participant restant se présente lui-même. Loin d'être gênant, ce cas de figure permet de mettre de l'ambiance : comment rester sérieux, quand l'intéressé se piquant au jeu se présente à la troisième personne comme si elle parlait de quelqu'un d'autre.

Je me souviens d'un moment d'hilarité générale ; un participant, possédant des dons de comédien, se lanca dans un véritable show mimant le dialogue avec son binôme imaginaire lui reprochant d'avoir déformé sa présentation !

217 Présentations cartes réponses

➤ Principe

Les participants se présentent à l'aide de cartes réponses qu'ils montrent au groupe en venant les coller sur le panneau (Ch. 15).

➤ Intérêt

Les participants se familiarisent à l'utilisation des cartes réponses / vous conservez une trace écrite des présentations.

.../...

➤ Déroulement

① Présentez l'intitulé des cartes à compléter sur le panneau puis expliquez comment remplir les cartes (ex de 3 cartes : carte 1 « nom / prénom », carte 2 « ce que je pense de la qualité », carte 3 « mes attentes par rapport à cette journée »).

② Chaque participant remplit ses cartes individuellement.

③ Chaque participant vient coller à tour de rôle ses cartes en les commentant au groupe.

Assurez-vous que les participants collent leurs cartes juste en dessous des cartes titres et bien horizontalement de façon à ce que les derniers à se présenter aient encore de la place pour coller leurs cartes.

Présentez-vous en dernier en utilisant la même méthode.

218 Dessinez-vous !

➤ Principe

Les participants se présentent en commentant un dessin les représentant.

➤ Intérêt

Faire réfléchir les participants sur la manière dont ils se perçoivent / obliger les participants à s'investir immédiatement / vous permettre d'avoir rapidement une « photo » des personnalités composant votre groupe.

➤ Déroulement

Disposez préalablement des feuilles blanches et des marqueurs, demandez aux participants de « se dessiner tels qu'ils se voient dans leur poste ».

Chaque participant vient ensuite présenter son dessin en le commentant.

Pour réussir, cet exercice doit être bref ; chacun ne dispose que de 5 minutes pour réaliser son dessin.

Vérifiez que les dessinateurs utilisent les marqueurs. Des dessins au crayon ou au stylo ne seraient pas visibles à distance.

Le principal intérêt de cet exercice consiste à surprendre les participants.

Là où ils s'attendaient à un paisible et inoffensif tour de table, les voilà obligés d'agir rapidement.

Il est amusant d'observer les réactions. En général, un tiers des participants, amusés, ne se pose pas de questions et se met à dessiner immédiatement.

Un autre tiers proteste qu'il ne sait pas dessiner (qui a dit qu'il était nécessaire de savoir dessiner ?) puis se met, résigné, à l'ouvrage.

Le dernier tiers trouve cet exercice idiot et annonce de manière à être entendu par tous qu'il ne dessinera rien. Mais comme cela laisse l'animateur indifférent et que les autres participants sont en passe d'achever leur dessin, ils se mettent penauds à dessiner à leur tour, non sans maugréer.

219 Le CV minute

➤ Principe

Les participants se présentent oralement en une minute à partir d'un canevas affiché par l'animateur au paper board sous forme de mini CV.

➤ Intérêt

Effectuer rapidement la présentation d'un grand groupe.

➤ Déroulement

Dévoilez le CV minute, que vous avez préalablement écrit au paper board, en annonçant que chacun va se présenter en l'utilisant.

…/…

Insistez sur le fait que la présentation ne doit pas excéder 1 minute.

Commencez par vous présenter vous-même pour donner le ton, sans excéder 30 secondes afin d'impulser un rythme soutenu.

Exemple

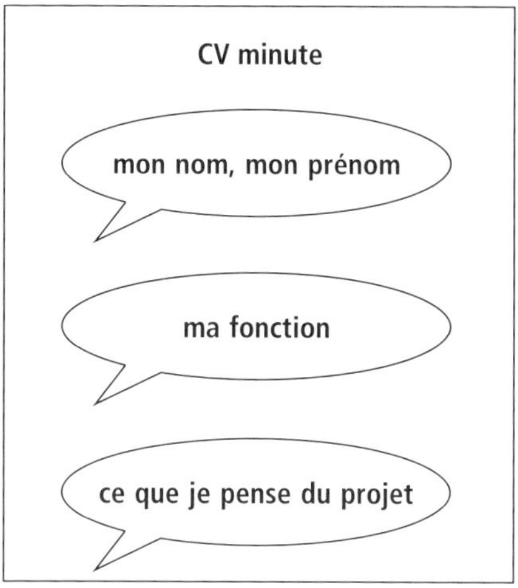

220 *Les phrases à compléter*

➤ Principe

Les participants se présentent en complétant des débuts de phrase proposés par l'animateur.

➤ Intérêt

Structurer la présentation / obtenir des informations sur des points précis.

➤ Déroulement

Proposez des phrases à compléter au paper et invitez chacun à les compléter à tour de rôle en se présentant.

exemple de présentation en 3 phrases :

– *«si je devais résumer mon expérience dans la société en quelques mots je dirais…»*
– *«ce projet est important à mes yeux car…»*
– *«Pour moi ce projet sera réussi si…»*

221 *Conseils pratiques*

- La durée des présentations doit être proportionnelle à la durée de votre animation : 1 heure pour plusieurs jours ; 10 minutes pour 2 heures.

…/…

- En règle générale, en se présentant, les participants s'adressent à vous et non au groupe. Pour éviter cela, placez-vous dans le groupe.
- Lorsque vous vous présentez en suivant le canevas que vous avez proposé à vos participants et que vous avez prévu une rubrique « mes attentes », dites « *votre participation* ».
- Présentez-vous toujours brièvement. Les présentations doivent être rapides sous peine d'engluer l'animation. Si les participants sont intéressés par vos campagnes il sera toujours temps de vous raconter sur le thème « l'animateur, sa vie, son œuvre ».
- S'il vous arrive de vous emmêler lorsque vous vous présentez, vous risquez de partir dans un long monologue. Concluez immédiatement et enchaînez. Si vous avez oublié une information importante, vous aurez tout le temps d'en parler plus tard.
- Pour rythmer l'enchaînement des présentations, vous pouvez ponctuer d'un « *merci* » la fin de chaque présentation. Cela donne le signal pour que quelqu'un d'autre prenne la parole en évitant les silences pesants qui peuvent facilement s'installer lors de la phase de présentation.
- Si il y a un instant de flottement dans les présentations, personne ne prenant la parole, vous pouvez désigner quelqu'un avec un sourire « *Madame, vous vous lancez ?* »

Une autre méthode très efficace consiste à fixer un participant du regard en souriant. Il est bien rare que la personne ne prenne alors pas la parole.

(!) Ce qu'il faut retenir

- Ne négligez pas les présentations, il ne s'agit pas d'un rituel **avant** de démarrer mais de votre **premier acte d'animation**.
- En adoptant un style de présentations inhabituel, vous obligez vos participants à se dévoiler.
- Adaptez vos présentations à votre public et à votre objectif : ne cherchez pas à être original mais efficace.

Partie 4

Les réactions des participants

Chapitre 21

Exemples de situations

Si tout s'est passé comme prévu, il ne s'est rien passé.

222 *La gestion du temps : Les participants sont en retard*

➤ **Situation**

À l'heure de démarrage prévue, il manque de nombreux participants.

➤ **À faire**

- Se donner un quart d'heure de sursis;
- Se renseigner auprès des présents pour savoir si ils ont des nouvelles des absents ;
- Fixer en accord avec les présents un nouvel horaire de démarrage ;
- Commencer les présentations.

➤ **À éviter**

- Critiquer les absents;
- Faire des remarques aux retardataires ;
- Pénaliser les présents en attendant que tout le monde soit là pour commencer.

223 *La gestion du temps : L'animateur est en retard*

➤ **Situation**

Vous arrivez en retard dans la salle où vous attendent, contrariés, vos participants.

➤ **À faire**

- Prévenir par téléphone de votre retard ;
- Vous excuser brièvement ;
- Installer calmement votre matériel.

➤ **À éviter**

- Communiquer votre énervement à vos participants ;
- Démarrer votre animation au pied levé sans prendre le temps de vous poser ;
- Finir plus tard pour rattraper votre retard ;
- Continuer à vous excuser pendant votre animation.

224 La gestion du temps : votre timing explose

➤ Situation

Vous êtes en retard de plus d'une heure sur votre timing initial.

➤ À faire

- Ralentir;
- Supprimer une séquence ;
- Ne pas filmer les jeux de rôle s'il y en a ;
- Respecter l'heure de fin annonçée.

Ne prenez pas vos participants en otages si malgré tout, vous n'avez pu rattraper votre retard ; proposez aux participants une alternative : en rester là ou déborder l'horaire initial. Si vous avez su les intéresser jusqu'à présent, il est bien rare qu'ils ne vous accordent le crédit demandé.

➤ À éviter

- Supprimer les pauses;
- Accélérer ;
- Se lamenter.

9 fois sur 10, c'est l'animateur qui est responsable de l'explosion du timing : absence de plan modulaire **[103]**, sous-estimation du temps nécessaire lors de la conception, incapacité à être concis…

Cependant, l'explosion du timing ne résulte pas toujours d'une faute d'animation mais peut être aussi une conséquence de sa qualité : une très grande participation du groupe, des débats très riches...

Ce qui fait la différence en matière de gestion du temps entre un bon et un mauvais animateur, ce n'est pas que l'un soit à l'heure et l'autre en retard. C'est que l'un sait anticiper et rattraper son retard en procédant aux ajustements nécessaires. Le mauvais animateur subit le temps, et au lieu de gérer son temps, finit par gérer celui de ses participants. Tout comme quelqu'un qui, incapable de gérer son budget, vit toujours aux dépens de celui des autres.

225 La gestion du temps : sachez vous taire !

Consciemment ou non, l'animateur a souvent tendance à systématiquement réagir aux propos des participants : rebondir sur ce qui vient d'être dit, donner un exemple, argumenter... Outre que ceci est la plupart du temps inutile, ce comportement finit par être très consommateur de temps.

Par ailleurs, le silence peut s'avérer utile dans d'autres situations :

– un participant répond à une objection à votre place **[247]** ;

– les participants échangent de manière constructive sur le sujet ;

.../...

– un participant reformule avec ses propres mots vos propos ;
– les participants réfléchissent.

Apprenez à vous taire.

226 La gestion du temps : quelques rappels

– Dans la conception de votre trame d'animation (Chapitre 6) : comptez une 1 / 2 heure par pause, ce qui vous donne un 1 / 4 d'heure de battement par séquence. Veillez d'autre part à simplifier au maximun votre trame en enlevant tout le superflu.
– Dans votre exposé, modularisez votre développement, ce qui vous permet de disposer d'une présentation à géométrie variable **[103]**.
– Dans votre préparation matérielle (Chapitre 9) : préparez et numérotez vos visuels, arrivez toujours en avance, ayez toujours avec vous votre trousse de secours **[78]**.

227 La gestion du temps : vous avez terminé avant l'heure

➤ **Situation**

Vous êtes en avance sur votre timing.

➤ **À faire**

- En cours d'animation : enchaîner sur la séquence suivante ;
- En fin d'animation, au choix :

– revenir sur un point qui nécessite un approfondissement;
– proposer un « plus » que vous avez en réserve;
– conclure.

➤ **À éviter**

- Faire du remplissage.

228 La gestion du temps : décalage horaire

➤ **Situation**

Des participants ont terminé un exercice avant les autres.

➤ **À faire**

- S'assurer que l'exercice a été fait dans son intégralité ;
- Demander aux personnes qui ont fini de comparer leurs résultats ;
- Les inviter, si l'exercice s'y prête, à aider les retardataires ;
- Demander aux retardataires d'accélérer.

.../...

➤ À éviter

- Laisser sortir de la salle les personnes qui ont terminé, sauf si on est près de la pause ;
- Ne pas laisser aux autres le temps de terminer ;
- Commencer le corrigé de l'exercice.

229 *La purge*

Il arrive parfois, notamment lors des formations institutionnelles, que les participants n'arrivent pas dans les meilleures dispositions. Les raisons en sont multiples : les participants ont été prévenus la veille, le ton impératif de la convocation ne leur a pas plus, la date de la session coïncide avec une période de surcharge de travail, un événement interne ou externe à l'entreprise mobilise l'intérêt des participants, le thème du séminaire est conflictuel...

➤ Situation

L'animateur se rend compte que les participants ne sont pas en situation d'écoute.

➤ À faire

- Donner rapidement la parole au groupe pour lui permettre de « vider son sac » (c'est ce qu'on appelle une « purge » en langage d'animation) en les invitant à s'exprimer sur le sujet qui fâche.
- Accepter toutes les critiques, réactions, remarques, sans s'en formaliser.
- Mettre « les pieds dans le plat » si l'on sent que le vrai sujet n'est pas abordé.
- Laisser s'exprimer tout le monde.
- Reprendre la main rapidement en montrant que l'on comprend les réactions et qu'il est maintenant temps de rentrer dans le vif du sujet.

➤ À éviter

- Continuer comme si de rien n'était.
- Prendre partie.
- Transformer la purge en bureau des pleurs en la laissant s'éterniser.

NB : si vous êtes conscient, avant votre animation, de la nécessité d'une purge, prévoyez une séquence structurée et inclue dans le timing.

230 Le bavardage

➤ Situation

Des participants bavardent en aparté.

➤ À faire

- Garder le silence en les regardant avec un sourire amical.
- Leur demander de faire part de leur échange au groupe.
- Les séparer lors des exercices en sous-groupes.

➤ À éviter

- Se montrer désagréable ou agressif.
- Empêcher systématiquement les apartés des participants.

NB : attention à ne pas considérer les apartés comme nuisibles ; ils ne constituent une gêne à l'animation que s'ils perdurent. Peut-être ce participant explique-t-il à son voisin à quel point ce que vous dites est intéressant !

231 Le match de foot

➤ Situation

Votre animation tombe le jour d'un match de foot de championnat retransmis à la télévision.

➤ À faire

- Renégocier votre timing, en déplaçant la séquence incriminée, pour permettre de visionner le match. Ils travailleront avant ou après ;
- Prendre l'événement avec bonne humeur.

➤ À éviter

- Tenter de convaincre les participants d'y renoncer ;
- Accepter de supprimer une séquence au profit du match.

NB : mon expérience d'animation : c'est la seule situation sur laquelle l'animateur n'a aucune prise ; le dieu foot est trop puissant.

232 La constitution des sous-groupes

➤ Situation

Les participants tardent à se constituer en sous-groupes à l'invitation de l'animateur.

.../...

➤ À faire

- Agir en faciliteur.
- Si le flottement se prolonge, être directif et constituer soi-même les sous-groupes.

➤ À éviter

- Laisser les participants livrés à eux-mêmes.
- Laisser des personnes seules.

NB : Pour éviter cette situation assez fréquente si les participants ne se connaissent pas entre eux, constituez préalablement la liste des sous-groupes et affichez-la au moment où vous lancez l'exercice. En constituant vous-même les sous-groupes, vous évitez les pertes de temps, vous équilibrez les groupes, vous séparez les bavards et mixez les populations à votre convenance.

233 *L'agressivité*

➤ Situation

Un participant prend à partie l'animateur.

➤ À faire

- Conserver son calme.
- Adopter une attitude d'écoute : question, reformulation, silence.
- Dépersonnaliser le débat en le banalisant: ex «il arrive parfois qu'un participant ne se reconnaisse pas dans les propos de l'animateur».
- S'affirmer calmement puis passer à autre chose.

➤ À éviter

- Attendre que quelqu'un vienne à votre aide.
- Se montrer à son tour agressif à son égard.
- Voir en lui un ennemi.
- S'excuser ou le laisser vous agresser sans réagir.

Les cas d'agressivité vis-à-vis de l'animateur sont très rares, mais ils surgissent en général de manière totalement imprévisible. Dans tous les cas, refusez le combat qu'il espère. Pour ma part, je n'ai eu à gérer que 3 cas d'agressivité dont l'outrance a discrédité leur auteur au yeux du groupe.

Un jour une participante barra rageusement lors d'une pause mon prénom sur mon chevalet. Lorsque je lui en demandai la raison, elle me répondit qu'elle ne supportait pas le fait que je porte le même prénom que son mari.

234 La vidéo ne fonctionne plus

➤ **Situation**

Impossible d'obtenir le son ou l'image au moment où vous en avez besoin.

➤ **À faire**

- Éviter de paniquer : il s'agit peut être d'une maladresse facilement réparable **[196]**.
- Si, au bout de quelques instants, vous êtes toujours coincé, demander de l'aide aux participants, en général, il y a toujours une personne qui s'y connaît.
- Avancer la pause si elle est proche ou enchaîner la séquence suivante.

➤ **À éviter**

- S'éterniser sur l'incident en perdant le contact avec votre groupe.
- Critiquer les organisateurs du séminaire.

NB : Le test préalable du matériel devrait en principe vous mettre à l'abri de telles mésaventures.

235 Des participants se sont évaporés à la pause

➤ **Situation**

Des participants n'ont pas rejoint la salle à la fin de la pause.

➤ **À faire**

- Remercier les présents pour leur ponctualité plutôt que de blâmer les retardataires.
- Battre le rappel.
- Faire faire par les participants la synthèse des travaux effectués avant la pause.
- Constituer les sous-groupes pour les exercices à venir.
- Faire désigner parmi les absents les «volontaires» pour les jeux de rôle.
- Apporter un «petit plus» aux présents : conseil, info, histoire drôle…

➤ **À éviter**

- Rester les bras ballants en attendant que tous les participants arrivent.
- Critiquer les retardataires ou leur faire la morale.
- Se plaindre.
- Rallonger la pause pour les présents.

NB : Si la situation se reproduit souvent, interrogez-vous sur les raisons qui font qu'il est si peu motivant de vous retrouver.

236 *Une séquence tombe à plat*

➤ Situation

Une séquence fait un flop : l'objectif n'est pas atteint et les participants n'en voient pas l'utilité.

➤ À faire

- S'il s'agit d'une séquence essentielle, faire part de son étonnement pour comprendre l'attitude des participants.
- S'il s'agit d'une séquence secondaire : enchaîner.
- Après l'animation, chercher à savoir si c'est la séquence elle-même ou bien la manière dont elle a été animée qui est inadaptée (en en discutant avec d'autres animateurs ou des participants).

➤ À éviter

- Dire aux participants qu'ils n'ont rien compris.
- Montrer que vous êtes déstabilisé.
- Demander aux participants de justifier leur réaction.

237 *Le découragement*

➤ Situation

Dans une formation, les participants déclarent qu'ils n'arriveront jamais à faire aussi bien que l'animateur.

➤ À faire

- Déplacer le débat de « faire comme moi » à « progresser ».
- Demander ce qui semble inaccessible à leurs yeux.
- Dire que vous n'y êtes pas arrivé en un jour.

➤ À éviter

- Faire le beau.
- Nier la difficulté « mais si c'est facile » **[92]**.

NB : Une manière élégante consiste à dire - à condition d'être sincère - « *je vous impressionne en... Mais de votre coté vous m'impressionnez en... Alors comme ça nous sommes quittes* ».

238 *Les rires sous cape*

➤ Situation

L'animateur, sans connaître l'origine de cette gaité, déclenche des sourires entendus parmi les participants qui s'esclaffent en se poussant du coude.

➤ À faire

- Marquer un temps d'arrêt pour laisser la bonne humeur s'exprimer.
- Demander la raison de l'hilarité.
- Reprendre tranquillement son animation.

➤ À éviter

- Faire comme si de rien n'était.
- Croire que vous êtes l'objet d'une moquerie de la part des participants.
- Chercher à tout prix à partager la joie des participants.

NB : En général, ce phénomène apparaît lorsque les participants ont un vécu commun. Ces rires ont le plus souvent pour origine soit un mot employé par vous qui dans le contexte particulier des participants prend une connotation particulière, soit qu'en décrivant une situation ou un comportement, vous faites à votre insu référence à quelqu'un connu des participants. Retenez qu'en tout état de cause, ce n'est pas vous qui êtes visé.

239 *Tu/Vous*

➤ Situation

L'animateur ne sait plus si il doit tutoyer ou vouvoyer ses participants.

➤ À faire

- Fixer les règles dès le départ.
- Accepter la réciprocité.
- Agir comme on le sent.
- Demander l'accord de la personne pour la tutoyer.

➤ À éviter

- Alterner tu et vous vis-à-vis de la même personne.
- Se formaliser si les participants vous tutoient.

NB : si vous ne savez comment faire, je vous conseille d'appeler vos participants par leur prénom et de les vouvoyer, vous concilierez ainsi convivialité **[11]** et contrôle **[10]**.

240 *Les révoltés du Bounty*

➤ **Situation**

Les participants critiquent violemment votre client.

➤ **À faire**

- La purge **[229]**.
- Comprendre leur point de vue (communication) sans le partager (contrôle).
- Passer du temps hors animation avec les participants (pause, repas...) pour gagner leur confiance et leur respect.

➤ **À éviter**

- Rentrer dans leur jeu, ce qui est tentant lorsque vous savez ces critiques fondées.
- Prendre partie.
- Engager une polémique : une discussion de gagnée, une animation de perdue !
- « Passer à l'ennemi » en critiquant votre client.

241 *Conseils pratiques*

- Croyant vous aider, votre client vous trace souvent une galerie de portraits de vos futurs participants. Ne vous y fiez pas et conservez au maximum votre esprit libre de tout a priori. Ce n'est pas la bonne foi de votre client qui est en cause. L'expérience montre que les participants réagissent souvent différemment avec vous dans le contexte particulier de l'animation.
- Respectez les règles que vous annoncez, sinon vous perdrez vite votre crédibilité.
- Votre statut d'animateur ne vous empêche pas d'avoir un avis personnel. Si vous l'exprimez, prenez soin de préciser que vous le faites à titre personnel.
- Si un participant fait une suggestion pertinente sur l'organisation de la journée, prenez-la en compte.

Ce qu'il faut retenir

- Tout peut arriver et spécialement au moment où vous vous y attendez le moins.
- Considérez les manifestations de vos participants comme des opportunités et non comme des perturbations.
- Quoi qu'il arrive, gardez votre sang-froid et votre bonne humeur.

Chapitre 22

7 conseils pour y faire face

« Aimez que l'on vous conseille et non pas que l'on vous loue. »
Boileau

242 *Alterner Écoute et Existence*

Souvent l'animateur est en difficulté parce qu'il n'arrive pas à sortir d'une situation dans laquelle, sans s'en rendre compte, il s'enferme.

Autrement dit, il s'enferme dans l'une des 2 attitudes de base que sont l'écoute et l'existence.

Exemple 1 : l'animateur cherche à convaincre son auditoire, et devant sa résistance, multiplie les arguments sans succès.

Exemple 2 : l'animateur cherche à ce que les participants constituent des sous-groupes. Les participants n'arrivant pas à se mettre d'accord, l'animateur multiplie les questions pour connaître la vision de chacun sur le sous-groupe idéal.

Dans le premier exemple, au lieu de persévérer dans une attitude d'existence, l'animateur aura tout intérêt à passer à une attitude d'écoute pour débloquer la situation. En posant par exemple la question suivante «*je vois que vous n'êtes pas convaincu, qu'est-ce qui vous empêche d'adhérer à la solution que je vous propose ?*»

Dans le second exemple, au lieu de persévérer dans une attitude d'écoute, l'animateur aura tout intérêt à passer à une attitude d'existence, c'est-à-dire à constituer lui-même les sous-groupes de manière directive pour débloquer la situation.

Pensez, lorsque vous êtes en difficulté, à passer dans le registre inverse de celui que vous êtes en train d'utiliser. Passez à l'écoute si vous êtes en existence, passer à l'existence si vous êtes en écoute.

243 *Reformuler*

➤ **Qu'est-ce qu'une reformulation ?**

Reformuler, c'est reprendre ce que dit l'autre avec une valeur ajoutée, et non pas seulement répéter ses paroles.

La valeur ajoutée d'une reformulation peut consister en :

– une synthèse. L'animateur reprend les propos d'un participant en les résumant.

– une stucturation. L'animateur reprend les propos d'un participant en les ordonnant.

.../...

– une élucidation. L'animateur pense que les propos d'un participant cachent sa véritable pensée, il tente d'expliciter ce non-dit en proposant une interprétation.
– une neutralisation. L'animateur reformule en question une objection ou une attaque.

Attention, une reformulation ne consiste pas à faire dire à quelqu'un ce que vous aimeriez qu'il ait dit.

➤ Quelle est l'utilité d'une reformulation pour l'animateur ?

Pour l'animateur, la reformulation constitue la transition par excellence pour passer en souplesse de l'Écoute à l'Existence.

En effet, les participants sont d'autant plus enclins à écouter l'animateur que celui-ci les écoute.

Le propre d'une reformulation, c'est justement de montrer à l'autre qu'il a été entendu. On lui apporte ainsi de la reconnaissance, ingrédient indispensable pour bâtir avec lui une relation productive.

En outre, la reformulation assure une sécurité à l'animateur dans la mesure où s'il a mal compris un participant, ce dernier ne validera pas la reformulation permettant ainsi de dissiper le malentendu. Si vous ne reformulez jamais, vous prenez le risque de laisser s'installer une incompréhension.

Pour le participant, la reformulation lui permet de s'approprier les apports faits par l'animateur. En reformulant avec ses propres mots ce qu'il a entendu, le participant fait vivre le principe «*je ne me souviens pas de ce que l'on m'a enseigné mais de ce que j'ai appris*».

Lorsqu'un participant reformule vos propos, c'est bon signe : soit il cherche à les comprendre, soit le message est passé !

La reformulation est donc l'outil par excellence de la dimension communication **[9]**.

244 *Être empathique*

➤ Qu'est-ce que l'empathie ?

L'empathie est souvent définie à tort comme « la capacité à se mettre à la place de l'autre ».

Plutôt que de se mettre à la place de l'autre, ce qui signifierait s'identifier à lui, l'empathie consiste à comprendre son point de vue et ses réactions.

L'empathie est donc une opération intellectuelle (comprendre ce que l'autre pense ou ressent) et non affective (partager son avis ou ressentir la même chose que lui).

Sympathie = ressentir de l'attirance pour quelqu'un.

Antipathie = ressentir de l'aversion pour quelqu'un.

.../...

Empathie = comprendre ce que quelqu'un pense ou ressent.

L'empathie consiste donc en quelque sorte à emprunter les lunettes de l'autre, à voir l'espace d'un instant, le monde de son point de vue. Il s'agit de rentrer provisoirement dans son système de référence.

➤ À quoi sert l'empathie?

L'empathie n'est pas une opération désintéressée, celui qui la pratique escompte bien en tirer un profit. Vous trouverez un peu plus loin un exemple original de son utilisation en temps de guerre pour tromper l'ennemi. Pour l'animateur, pratiquer l'empathie, c'est tout simplement se donner les moyens de réussir plus facilement et rapidement ses animations en partant du principe qu'il est plus efficace de s'adapter à l'autre que d'attendre que l'autre s'adapte à vous.

➤ Pourquoi l'empathie est-elle difficile à pratiquer ?

Sans prétendre dresser ici une théorie de l'empathie, on peut identifier plusieurs causes qui rendent la pratique de l'empathie si difficile.

- L'empathie, c'est reconnaître et accepter que les autres ne fonctionnent pas comme vous.
- Être empathique, c'est être capable de faire la différence entre ce que je pense et ce que je ressens.
- Être empathique, c'est conserver une partie d'énergie disponible pour l'autre. Or certaines personnes ont tellement besoin d'énergie pour fonctionner elles-mêmes, qu'elles n'en ont plus à consacrer aux autres.
- L'empathie n'est ni une idéologie, ni une école de pensée. C'est une technique sans mode d'emploi, ingrate à mettre en œuvre individuellement; Il n'y a pas plus de congrès que de diplôme d'empathie.
- C'est tellement plus simple et reposant d'avoir raison !

➤ Différence entre un animateur empathique et un animateur non empathique

Animateur empathique	Animateur non empathique
• Emploie les mots des participants. • Se renseigne sur son groupe. • Prend en compte les remarques des participants. • Accepte l'objection. • Adapte son style d'animation en fonction de son public. • S'assure que ses visuels sont lisibles par tout le monde. • Accepte la contradiction tout en défendant avec fermeté et conviction son point de vue.	• Jargonne. • Ne cherche pas à savoir qui est son public. • Ignore les réactions des participants. • N'accepte pas l'objection des participants. • Maintient son style d'animation quelles que soient les réactions de son public. • Commente ses visuels sans laisser le temps à l'auditoire de les découvrir ni de les comprendre.

.../...

• Intègre les contraintes et les attentes des participants dans la mesure du possible. • Essaie d'apporter, chaque fois que possible, des réponses personnalisées. • S'assure qu'il a été bien compris. • Ne prend pas pour une attaque personnelle une réaction d'hostilité à ses propos. • N'hésite pas à approfondir en cas d'incompréhension. • Pose des questions et reformule.	• Ne s'inquiète pas de savoir si tout le monde voit et entend. • N'accepte pas la contradicion ou se range systématiquement à l'avis du contradicteur. • Ignore ou se désintéresse des contraintes et attentes des participants • Apporte des réponses standards. • S'assure qu'il a bien tout dit. • Considère toute marque d'hostilité à ses propos comme une attaque personnelle. • N'approfondit pas en cas d'incompréhension. • Ne reformule pas ni ne pose de questions.

➤ L'empathie pratiquée par un officier des services secrets

Ewen Montaigu, officier de l'Intelligence Service pendant la Seconde Guerre mondiale donne ici une excellente définition de l'empathie.

Alors qu'ils préparaient le débarquement en Sicile, les états-majors alliés cherchaient désespérement le moyen d'éloigner les réserves stratégiques allemandes de ce théâtre d'opération.

On décida d'« informer » les services secrets allemands d'un prétendu projet de débarquement en Grèce et ceci en leur faisant « découvrir » le corps d'un agent secret porteur de papiers ultra-confidentiels. Maquillé, toiletté, vérifié jusqu'au dernier millimètre de peau et au dernier brin de tabac au fond des poches, un cadavre anonyme fut jeté à la mer sous une identité d'emprunt.

La mise en scène fut si réussie que l'état major-allemand conclut à l'authenticité des renseignements ainsi recueillis et envoya ses réserves en Grèce... Tandis que le débarquement avait lieu en Sicile.

Vous êtes officier du service de renseignement britannique. Vous avez votre « équivalent » dans les services de renseignement ennemis ; Au-dessus de lui, il y a le commandement allemand.

Ce que vous, Anglais, avec une formation anglaise, pensez qu'on peut déduire d'un document, n'a aucune importance. Ce qui compte, c'est ce que pensera votre « équivalent » dans le camp adverse, avec ses connaissances et sa formation allemandes ; quelles déductions *il* tirera du document. Par conséquent, si vous voulez qu'*il* pense ceci ou cela, il faut lui soumettre ce qui le *lui* fera penser (et non à *vous*). Mais il peut avoir des doutes et chercher confirmation. Vous devez imaginer quelles enquêtes *il* fera (non pas celles que *vous* feriez) et lui fournir les réponses qui *lui* donnent satisfaction.

.../...

En d'autres termes, vous devez vous rappeler qu'un Allemand ne pense ni ne réagit comme un Anglais, et vous devez vous mettre à sa place ».

« *L'homme qui n'existait pas* », Ewen Montagu, collection j'ai lu aventure.

245 *Mobiliser son non-verbal*

Ce que vous dites et faites a souvent moins d'importance aux yeux de vos participants que la manière dont vous le dites ou le faites.

Aussi est-il important de mobiliser votre non verbal pour vous adapter efficacement aux réactions de vos participants.

- N'oubliez pas de sourire : si vous n'êtes pas responsable de la tête que vous avez, au moins êtes vous responsable de la tête que vous faites.
- Plus l'atmosphère est tendue, plus vous gagnerez à vous rapprocher physiquement de vos participants.
- Si votre auditoire s'assoupit : changez de posture (assis/debout), variez le ton de votre voix (déclamatoire, ironique, confidentiel...).
- N'excluez personne de votre champ visuel, faites attention aux personnes situées dans les angles.
- Mettez toute votre Existence (voix, regard, posture) dans les phases de démarrage et de conclusion : « *never low and slow* » **[19]**.
- Soyez attentif à ce que votre non verbal soit en phase avec votre discours (votre « *bienvenue* » n'est pas crédible si vous regardez une autre personne que celle à qui vous serrez la main).
- Évitez la « danse de l'ours » qui consiste à vous balancer inconsciemment d'un pied sur l'autre lorsque vous parlez à votre auditoire.
- Pour être écouté, ne parlez pas en distribuant un document : parlez avant ou après.

246 *Observer*

Observez encore et toujours vos participants : ils vous apportent de nombreuses informations pour piloter votre animation.

Observez...

- Si les participants prennent des notes et sur quels sujets.
- Les signes de lassitude: somnolence, apathie, résignation, bâillements...
- L'ambiance du groupe, en regardant comment les participants se comportent entre eux dans la salle et lors des pauses.
- Les timides ou les réservés qui aimeraient poser une question sans prendre la parole spontanément.
- Les soupirs, les grimaces, les sourires en coin... Ils vous renseignent sur l'état d'esprit des participants.

.../...

– Si tout le monde est bien à la bonne page du document participant ou de l'étude de cas.
– La manière de se présenter des participants, toujours très révélatrice des tempéraments.
– …

Il est rare que les réactions des participants ne soient pas précédées par des phénomènes observables. Ainsi, observer c'est dans une large mesure, anticiper. Vos qualités d'observation sont vos antennes : déployez les.

247 S'appuyer sur des relais

Une vision erronée, véhiculée par l'habitude ou la peur de l'auditoire perçu comme une menace, consiste à considérer que l'animateur est seul face à son groupe. Si une telle situation se produisait, alors, on pourrait conclure à l'échec de l'animation.

Vous avez des alliés dans la salle sur lesquels vous devez apprendre à vous appuyer. Prenez tout d'abord l'habitude de ne pas laisser vos participants s'installer dans un rôle passif. Vous leur donnez ainsi l'habitude de coopérer avec vous. Par exemple n'hésitez pas à faire appel à eux dans les situations suivantes :

– installation ou réaménagement de la salle;
– prise de notes au tableau;
– dépannage d'un problème vidéo;
– observation d'un jeu de rôle;
– debriefing d'un exercice, …

L'étape suivante consiste à vous appuyer sur des relais. Un participant est considéré comme un relais lorsque, lors d'une séquence, son comportement favorise l'atteinte de votre objectif.

L'efficacité du recours aux relais repose sur la constatation suivante : les participants sont souvent plus facilement convaincus par le discours d'autres participants que par celui de l'animateur. En effet, ce dernier est souvent soupçonné (souvent à tort, parfois à raison) d'agir comme un apothicaire chargé de faire passer la pilule.

Ainsi, lorsqu'une objection survient, elle sera souvent levée plus facilement par un participant que par l'animateur. Encore faut-il que vous laissiez la possibilité à quelqu'un de répondre. Par exemple : si un participant émet un doute lors d'un groupe de travail, un de ses collègues peut apporter un témoignage qui dissipera l'objection sans que vous ayez à parler. L'erreur consisterait dans ce cas à prendre la parole.

248 *Conseils pratiques*

- N'abusez pas des reformulations.
- En cas de blocage, pratiquez la « métacommunication ». Communiquer, c'est parler de quelque chose avec quelqu'un. « Métacommuniquer », c'est parler à quelqu'un de la relation que vous avez avec cette personne. Voici des exemples de métacommunication :

« *Je vois que je ne vous ai pas convaincu.* »

« *Nous n'arrivons pas à nous comprendre.* »

« *Comment se fait-il que chaque fois que je vous adresse la parole, vous preniez mon intervention comme une attaque personnelle ?* »

Ce qu'il faut retenir

- Alternez Écoute et Existence.
- Plutôt que de chercher la parade immédiate, cherchez à comprendre la nature de la difficulté rencontrée pour y apporter une réponse.

le mot de la fin

Vous avez terminé la lecture de ce guide.

- Dans la 1re partie intitulée «les principes de base de l'animation», vous avez acquis ou revu les basiques dont vous avez besoin quelle que soit votre expérience ou le type d'animation que vous avez à mener.
- Dans la 2e partie intitulée «la conception d'une animation», vous avez vu à quel point il importe de préparer soigneusement votre animation à l'aide d'outils simples.
- Dans la 3e partie intitulée «les techniques spécifiques d'animation», vous avez passé en revue 10 techniques qui vous permettent d'enrichir votre pratique de l'animation.
- Dans la dernière partie intitulée «les réactions des participants», vous avez vu à l'aide d'exemples et de conseils comment vous adapter plus facilement aux réactions de vos participants.

Maintenant, c'est à vous de jouer en inventant votre propre style.

«*Puis-je faire...*

... plus simple ?

... plus court ?

... plus vivant ?

... plus clair ? »

Tant que vous vous poserez ces 4 questions, alors vous serez un véritable animateur.

N'hésitez pas à me faire part de votre expérience et de vos réactions par rapport à ce guide, elles seront les bienvenues. C'est avec plaisir que je vous répondrai.

http : //flaure.free.fr. Bonne animation.

GLOSSAIRE

Accroche : premiers mots que prononce un animateur pour "accrocher" l'attention de ses participants.

Animation grand groupe : technique d'animation pour les grands auditoires alternant séances en plénière et ateliers en sous-groupes.

Binôme : groupe de 2 participants.

Cartes réponses : méthode d'animation utilisant des cartes que les participants remplissent individuellement par écrit pour répondre aux questions posées par l'animateur.

Cas /étude de cas : exercice qui consiste à soumettre aux participants un ensemble de données sous forme de documents à étudier, à partir desquels, ils doivent apporter des réponses aux questions posées. Généralement, ce travail s'effectue en sous-groupe.

Clip Art : pictogramme servant à illustrer un visuel. Les logiciels de PréAO contiennent une bibliothèque de Clip Art.

Constante macabre : pourcentage d'élèves qui doivent se trouver en situation d'échec pour que l'enseignant ait l'impression qu'il fait bien son travail.

Coordinateur : personne en charge de l'équipe d'animateurs dans le cadre d'une animation grand groupe.

Debriefing : analyse d'un exercice par l'animateur, en général un jeu de rôle, dans lequel celui ci en tire les enseignements (synonyme : exploitation).

Écoute : attitude qui consiste à laisser son ou ses interlocuteurs occuper plus d'espace que soi dans la relation (synonyme : ouverture).

Empathie : capacité à comprendre les réactions de l'autre.

Évaluation à chaud : évaluation effectuée, juste après la conclusion, à l'issue de l'animation.

Évaluation à froid : évaluation effectuée après l'animation (de quelques jours à quelques mois, voire années).

Existence : attitude qui consiste à occuper plus d'espace dans la relation que son ou ses interlocuteurs (synonyme : affirmation de soi).

Feed back : action qui consiste à dire à quelqu'un comment on a perçu son action. Les formes de feed back les plus connues sont le compliment et la critique.

Formation institutionnelle : formation obligatoire décidée par la Direction d'une entreprise.

Frigo : liste de questions que l'animateur note et affiche sans y répondre, généralement pour les soumettre ultérieurement à un invité (lors d'un débat ou de la conclusion par exemple).

Inter-entreprises : action rassemblant des personnes d'entreprises différentes.

Intervention institutionnelle : intervention lors d'une animation d'un membre de l'entreprise parlant en son nom, en général un représentant de la hiérarchie.

Intra-entreprise : action rassemblant des personnes d'une même entreprise.

Jeu de rôle : simulation d'une situation par des participants à partir des données fournies par l'animateur.

Lapin : on parle de lapin, lorsque lors d'un jeu de rôle, un protagoniste invente une donnée qui fausse totalement le jeu de rôle. En présence d'un lapin, l'animateur doit interrompre le jeu de rôle pour recadrer la situation.

Message : point important d'une intervention que l'on veut faire passer à l'auditoire.

Message clef : ce que l'on veut que l'auditoire retienne à la fin d'une intervention.

Modulariser : action de fragmenter un élément en modules indépendants que l'animateur peut réagencer à sa guise en fonction des besoins de l'animation. Le guide que vous avez entre les mains fournit un exemple de modularisation. Son contenu a été modularisé en 248 pavés qui peuvent être lus indépendamment les uns des autres.

Non verbal : ce qu'une personne montre (par son comportement : gestes, regard, posture, intonation...) par opposition au verbal (ce que dit la personne : les mots qu'elle emploie).

Paper ou paper board : chevalet constitué d'un trépied et sur lequel on dispose un rouleau de feuilles de papier sur lesquelles on écrit avec des marqueurs.

PréAO : logiciel de Présentation Assistée par Ordinateur. Ce type de logiciel permet de concevoir des visuels et des présentations animées. Le plus connu d'entre eux est Powerpoint.

Purge : séquence organisée par l'animateur pour permettre aux participants de se défouler, en général pour exprimer des critiques, des peurs ou pour satisfaire un besoin d'expression.

Question fermée : question formulée de manière à obtenir une réponse courte (ex : quelle heure est-il ? / Êtes-vous d'accord ?).

Question ouverte : question formulée de manière à obtenir une réponse développée (ex : que pensez-vous de... ? / Quelles seraient selon vous les mesures susceptibles de... ?).

Résidentiel : formule d'hébergement qui consiste à loger les participants et l'animateur hors des locaux de l'entreprise, en général dans un hôtel au vert. Les participants et l'animateur sont tenus de dormir sur place et de prendre leurs repas en commun.

Trame : document qui décrit le déroulement, séquence par séquence, d'une animation servant de fil conducteur à l'animateur.

Visuel : ce que l'animateur montre aux participants pour soutenir son animation : transparents, vidéo, maquette, objet...

Visuel de communication : visuel de synthèse destiné à faire passer un message, ne nécessitant pas ou peu de commentaire.

Visuel de contenu : visuel analytique, en général technique, destiné à faire comprendre un contenu et nécessitant un commentaire détaillé.

Synthèse

Ch. 1 Qu'est-ce que l'animation ?

- La maîtrise des techniques d'animation est une compétence indispensable au manager d'aujourd'hui.
- L'animation n'est pas une fin en soi, c'est un ensemble de techniques au service de l'atteinte d'un objectif.
- L'animation, c'est avant tout un état d'esprit, un peu de talent et beaucoup de méthode.

Ch. 2 L'équilibre instable de l'animation

- Alternez écoute et existence.
- Jouez sur les 3 registres de la communication, du contrôle et de la convivialité.

Ch. 3 Le démarrage

- *Never low and slow* : le décollage est un moment de forte Existence.
- N'improvisez pas votre démarrage : dites ce que vous avez prévu de dire et c'est tout.
- Souriez.
- Attention à la cascade du petit.

Ch. 4 La conclusion

- *Never low and slow* : la conclusion est un moment de forte Existence.
- Procédez toujours à une évaluation, même de manière brève et informelle.
- Ne vous justifiez pas lors de l'évaluation.
- Rappelez les messages clefs et la prochaine étape s'il y a lieu.

Ch. 5 L'objectif

- Pas d'animation sans objectif.
- Ne confondez pas objectif opérationnel et objectif d'animation.

Ch. 6 La trame

- Ayez toujours sous les yeux une trame synthétique.
- Soyez réaliste sur le timing.
- Soignez vos transitions.

Ch. 7 Les aides visuelles

- Simplifiez au maximum vos visuels.
- Alternez visuels de communication et visuels de contenu.
- Testez toujours vos visuels avant utilisation.
- Commenter n'est pas lire : votre commentaire doit apporter un plus.
- Ne parlez pas à vos visuels mais à votre auditoire.

Ch. 8 La préparation psychologique

- Le trac est une manifestation naturelle qui disparait rapidement dans l'action.
- Vouloir supprimer le trac est utopique, il faut seulement apprendre à le cacher.
- Pour établir une relation saine avec votre auditoire, vous devez vous défaire de la peur qu'il vous inspire.

Ch. 9 La préparation matérielle

- Arrivez toujours à l'avance dans votre salle.
- Ne subissez pas l'espace mais adaptez-le à vos besoins.
- Testez toujours le matériel.

Ch. 10 Principes pédagogiques

- La pédagogie est l'art de la simplification.
- Trouvez la progression la plus adaptée à votre objectif et à votre public.
- C'est à l'animateur de s'adapter à son public et non l'inverse.

Ch. 11 L'exposé

- Construisez votre exposé à partir de vos messages clefs.
- Modularisez votre développement.
- Ne confondez pas fin de l'exposé et fin de l'animation.

Ch. 12 Le recueil

- Préparez soigneusement la question ouverte.
- Respectez les 5 étapes du recueil.
- Un recueil doit être bref et rondement mené.

Ch. 13 La coanimation

- De la coanimation il peut sortir le pire comme le meilleur.
- La coanimation nécessite une coordination soigneuse des animateurs et un respect mutuel.

Ch. 14 Le document participant

- Vérifiez la qualité de votre document participant.
- Annoncez en début d'animation si vous distribuez un document participant.

Ch. 15 Les cartes réponses

- Attachez beaucoup de soin au libellé de vos questions.
- Appuyez-vous sur votre groupe, notamment pour faire valider vos regroupements et vos synthèses.

Ch. 16 Le débat

- Préparez le débat avec l'invité.
- Utilisez un frigo pour alimenter le débat le moment venu.

Ch. 17 L'animation grand groupe

- Pas d'improvisation.
- Apportez un soin extrême à la logistique.
- Le coordinateur est l'élément clef du dispositif.

Ch. 18 Le jeu de rôle

- Le jeu de rôle est l'outil par excellence de l'animateur qui souhaite travailler sur les comportements.
- Bien maîtrisée et utilisée à bon escient, la vidéo constitue un outil pédagogique très efficace pour l'animation des jeux de rôle.
- Le jeu de rôle attire et effraie le participant car il le confronte à lui-même.

Ch. 19 L'étude de cas

- L'étude de cas demande un important travail de conception.
- Réfléchissez **avant** votre animation à la façon dont vous allez exploiter le cas que vous utilisez.
- Passez systématiquement dans les sous-groupes pour vous assurer du bon déroulement du travail.

Ch. 20 Les présentations

- Ne négligez pas les présentations, il ne s'agit pas d'un rituel **avant** de démarrer mais de votre **premier acte d'animation**.
- En adoptant un style de présentations inhabituel, vous obligez vos participants à se dévoiler.
- Adaptez vos présentations à votre public et à votre objectif : ne cherchez pas à être original mais efficace.

Ch. 21 Exemples de situations

- Tout peut arriver et spécialement au moment où vous vous y attendez le moins.
- Considérez les manifestations de vos participants comme des opportunités et non comme des perturbations.
- Quoi qu'il arrive, gardez votre sang-froid et votre bonne humeur.

Ch. 22 7 conseils pour y faire face

- Alternez Écoute et Existence.
- Plutôt que de chercher la parade immédiate, cherchez à comprendre la nature de la difficulté rencontrée pour y apporter une réponse.

044759 - (II) - (1,8) - OSB-100° - NOC

Achevé d'imprimer sur les presses de la
SNEL S.A.
rue Saint-Vincent 12 – B-4020 Liège
tél. 32(0)4 344 65 60 - fax 32(0)4 343 77 50
février 2001 - 20125

Dépôt légal : février 2001
Dépôt légal de la 1re édition : avril 2000